L'ALBUMINURIE PUERPÉRALE

ET DE

SES RAPPORTS AVEC L'ÉCLAMPSIE.

TRAVAUX DIVERS DE L'AUTEUR.

Recherches sur les lésions anatomiques du système nerveux à la suite du tétanos chez l'homme et le cheval. (*Gazette médicale* de Paris, juin 1852.)

Thèse sur les contractures des extrémités. (Paris, 7 février 1844.)

Mémoire sur l'action physiologique de l'huile essentielle d'oranges amères. (*Gaz. méd.*, septembre 1853.)

Note sur les toxicophages allemands, ou EXAMEN DE QUELQUES PROPRIÉTÉS DE L'ARSENIC. (*Moniteur des Hôpitaux*, n° 74, 1854.)

Note sur quelques points de l'histoire physiologique et thérapeutique de l'ammoniaque. (*Monit. des Hôpit.*, n° 79, 1854.)

Note sur quelques nouveaux remèdes contre le choléra. (*Id.*, n° 102.)

Du vomissement dans la pneumonie. (*Gaz. méd.*, oct. 1854.)

Mémoire sur les propriétés anti-névralgiques de l'aconit. (*Gaz. méd.*, novembre 1854.)

Mémoire sur l'action élective de l'aconit sur la tête et les nerfs de la face dans ses rapports avec les propriétés anti-névralgiques de ce médicament. (*Gaz. méd.*, février 1855.)

Mémoire sur l'éphidrose (sueurs générales chroniques), les divers traitements employés contre cette maladie, et en particulier sur son traitement par l'aconit. (*Gaz. méd.*, mai et juin 1855.)

Note sur la respiration saccadée et continue, considérée comme signe de la phthisie commençante. (*Monit. des Hôpit.*, 20 juillet 1855.)

Note sur l'épidémie cholérique de Clermont-Ferrand. (*Annales médicales de la Flandre occidentale*, n° 5, 1855-56.)

Du traitement du choléra par l'arsenic et l'ellébore blanc. (*Id.*, n°s 6 et 7.)

Mémoire sur le traitement des angines par les mercuriaux, la belladone et l'aconit, suivi de quelques remarques sur la médication alcaline. (*Monit. des Hôpit.*, n°s 142, 143, 149, 1855, — n° 1, 1856.)

DE

L'ALBUMINURIE PUERPÉRALE

ET DE

SES RAPPORTS AVEC L'ÉCLAMPSIE,

PAR A. IMBERT-GOURBEYRE,

Docteur en médecine, ancien interne de l'Hôtel-Dieu de Paris, professeur-suppléant de clinique
interne à l'Ecole préparatoire de médecine de Clermont-Ferrand, lauréat de
l'Académie impériale de médecine, lauréat et membre correspondant de
la Société de médecine de Bordeaux, membre correspondant
de l'Académie royale de médecine et de chirurgie de Naples,
et de l'Académie des sciences, arts et belles-lettres
de Clermont-Ferrand.

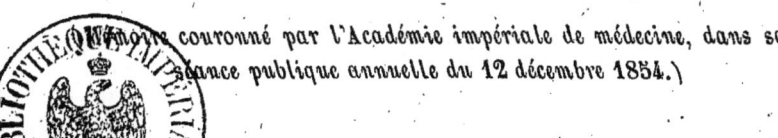

(Mémoire couronné par l'Académie impériale de médecine, dans sa
séance publique annuelle du 12 décembre 1854.)

Seconde édition, revue et augmentée.

PARIS,

Chez J.-B. BAILLIÈRE,

Libraire de l'Académie impériale de Médecine,

Rue Hautefeuille, 19.

1856.

MÉMOIRE

SUR

L'ALBUMINURIE PUERPÉRALE

ET DE

SES RAPPORTS AVEC L'ÉCLAMPSIE.

Il est peu de thèses pathologiques sur lesquelles on ait tant écrit et disserté que sur la maladie de Bright. Depuis la découverte du célèbre médecin anglais, c'est-à-dire depuis trente ans environ, la littérature de cette maladie s'est enrichie, en France comme à l'étranger, d'une foule de monographies, de mémoires, de dissertations inaugurales et d'observations, et l'on peut dire aujourd'hui sans conteste que l'histoire du mal de Bright fait pâlir l'histoire du tubercule lui-même. Il ne faut point s'en étonner : car cette question est certainement l'une des plus vastes qui puisse exister dans l'état actuel de la science médicale. Que de formes multiples dans le mal de Bright, et combien sont nombreuses ses cognations avec une foule de maladies diverses ! Aussi, cette grande unité pathologique est-elle devenue, à cette heure, une *question ouverte*.

En 1853, l'Académie impériale de médecine avait mis au concours de ses prix annuels la thèse suivante, qui n'est qu'une des faces les plus intéressantes du mal de Bright : *De l'Albuminurie puerpérale, et de ses rapports avec l'éclampsie*.

La même année, la Société de médecine de Bordeaux posait également la question suivante : *Établir par des faits les différentes conditions morbides qui donnent lieu à la présence de l'albumine dans l'urine*.

En même temps, la Société médicale des hôpitaux de Paris, pour le premier prix qu'elle ait encore proposé, mettait la même thèse au concours, sous ce simple titre : *De l'Albuminurie*.

L'auteur de ce Mémoire, en adressant ses travaux divers sur la maladie de Bright à ces trois Sociétés savantes, a été assez heureux pour en obtenir les plus honorables suffrages, et devenir lauréat de l'Académie impériale de médecine (12 décembre 1854), de la Société de médecine de Bordeaux (24 novembre 1854), et lauréat *in petto* de la Société médicale des hôpitaux de Paris (novembre 1855) (1).

De tels encouragements m'imposent aujourd'hui de plus grands devoirs. J'espère pouvoir publier plus tard l'*Histoire du mal de Bright*, et de toutes les questions qui s'y rattachent ; je ne me dissimule point les difficultés de cette œuvre, qui semble toucher à la pathologie tout entière : *hic opus, hic labor*. En attendant, je livre au public médical le Mémoire couronné par l'Académie impériale, après l'avoir revu, corrigé et considérablement augmenté : c'est, à coup sûr, un des chapitres les plus intéressants de l'*Histoire du mal de Bright*, un de ceux peut-être où j'ai produit le plus de faits nouveaux et remué aussi quelques idées nouvelles, en harmonie toujours avec ces mêmes faits (2).

CHAPITRE PREMIER.

HISTORIQUE.

Depuis la découverte de Bright, et, en particulier, depuis la publication de l'ouvrage de M. Rayer (3), on a constaté fréquemment la présence de l'albuminurie dans la grossesse et

---

(1) La Société médicale des hôpitaux n'a pas encore rendu officiel, pour divers motifs, le résultat du concours qui a déjà été proclamé en comité secret.

(2) Par une coïncidence heureuse, la seconde édition de mon Mémoire sur l'*Albuminurie puerpérale*, paraît avant la première. L'Académie impériale de médecine, pour comble d'honorables faveurs, a bien voulu faire imprimer mon travail dans ses *Mémoires*. On le trouvera en tête du tome XX qui paraîtra prochainement. J'ai tenu naturellement à corriger et compléter mon œuvre.

(3) *Traité des maladies des reins*, Paris, 1840-41.

dans les suites de couches : c'est là ce qu'on a appelé l'*albuminurie puerpérale*.

Bright, Christison, Gregory, etc., tous les auteurs, enfin, qui ont précédé M. Rayer, avaient passé ces faits sous silence.

En France, et depuis Bright, M. Rayer signale le premier les rapports de la néphrite albumineuse avec la grossesse. Il donne en entier quatre observations, dont deux avec autopsies, et fait appel à de nouvelles recherches sur ce point intéressant. Cependant, deux ans auparavant, M. Martin Solon avait publié, dans son ouvrage, une observation d'albuminurie puerpérale avec autopsie (v. Obs. 26 du *Tr. de l'albuminurie*).

Mais, à l'étranger, et avant Bright même, l'albuminurie avait déjà été signalée dans la grossesse par Blackall, médecin anglais, qui partage avec son compatriote Wells, l'honneur d'avoir préparé par ses travaux la découverte de Bright : témoin l'observation qui se lit dans son ouvrage (*Observations on the nature and cure of dropsies*, 3e édit. 1818; chap. VI, obs. 9) :

« C. D..., femme de très-forte constitution, avait de l'enflure aux pieds pendant sa grossesse. Obligée de garder la chambre, elle vit bientôt son état s'aggraver; il survint une hydropisie générale, accompagnée de beaucoup de toux. *L'urine était coagulable*. L'enflure céda à la digitale, et le kina acheva la guérison. »

Blackall cite ailleurs une autre observation d'hydropisie survenue dans les suites de couches, chez une femme ivrogne et syphilitique, soumise pendant longtemps aux frictions mercurielles. L'urine était *pâle et coagulable*. A l'autopsie, les reins furent trouvés *durs et volumineux*; leur *substance était altérée*, et il y avait une *grande différence* entre la substance corticale et la substance médullaire.

C'est donc le médecin anglais Blackall qui a le premier signalé l'albuminurie des femmes enceintes hydropiques, et même les lésions rénales coïncidentes, décrites plus tard par Bright.

Un an après M. Rayer, M. A. Becquerel (*Séméiotique des urines*, 1841) donne quelques détails sur l'albumine qu'on peut trouver dans les urines, chez les femmes grosses ou en couches : en dehors de l'albuminurie symptomatique du mal de Bright, le mélange du flux leucorrhéique ou de l'écoulement lochial avec les urines peut être une cause d'albuminurie passagère; l'auteur mentionne, en outre, dans un tableau statistique, deux cas de grossesse compliqués de mal de Bright, et vérifiés par l'autopsie : *dans un cas, il y eut éclampsie.*

D'après Owen Rees (1), ce sont les travaux d'Alexandre Tweedie, médecin de l'hôpital du Guy, sur l'albuminurie puerpérale, qui ont mis le médecin anglais Lever sur la voie de la découverte des rapports de l'éclampsie avec cet état particulier des urines. Rees prétend que c'est Tweedie qui a découvert, le premier, l'albuminurie puerpérale : j'ai démontré plus haut que Blackall l'avait déjà signalée même avant Bright.

Toutefois, Simpson (2), antérieurement à son premier cours d'accouchement professé en 1840-41, à l'université d'Edimbourg, avait enseigné, en plus d'une occasion, que l'œdème ou anasarque des femmes prises de convulsions puerpérales n'était qu'une des nombreuses et importantes formes des hydropisies albuminuriques du docteur Bright. Avant 1843, il avait maintes fois constaté le rapport de ces mêmes convulsions avec l'albuminurie, par le simple examen des urines. Au commencement de 1843, il put même, dans un cas mortel d'éclampsie puerpérale et albuminurique, compléter son diagnostic par l'autopsie, qui révéla la dégénérescence granulée des reins. A propos de cette observation publiée dans *Monthly journal*, 1843, Simpson faisait remarquer qu'il était heureux de pouvoir confirmer par l'examen cadavérique une opinion déjà basée sur l'analyse des symptômes, opinion qu'il avait professée publiquement dans ses deux derniers cours, à savoir que, dans l'éclampsie puerpérale, il existe presque invariablement de l'albuminurie, avec complication d'œdème qui accompagne ou précède plus habituellement les convulsions, et probablement aussi avec dégénérescence granulée des reins.

Il faut donc associer dans l'histoire de la découverte de l'éclampsie albuminurique, les trois noms des médecins anglais Simpson, Tweedie et Lever.

En 1843, le Mémoire de Lever, publié dans *Guy's hosp. Reports*, vient fixer sérieusement l'attention des observateurs sur la liaison de l'éclampsie avec l'albuminurie puerpérale. Dans quatorze cas de convulsions chez des femmes enceintes, il constate treize fois l'albuminurie.

---

(1) On the disease of Bright, 1850.
(2) James Y. Simpson. — Contributions to obstetric pathology and practice. — Edimburgh, 1853.

L'année suivante (1844), le docteur Caleb Rose (1) confirme les observations de son compatriote par quelques nouveaux faits.

Le 18 juillet 1846, M. Cahen, guidé par les travaux de Lever, établit, dans sa dissertation inaugurale, que l'éclampsie puerpérale est souvent produite par la néphrite albumineuse, et cite trois observations avec autopsies constatant les lésions rénales de Bright chez des femmes en couches, mortes à la suite d'attaques d'éclampsie.

En 1848, MM. Ch. Devilliers et J. Regnauld publient (2) un travail important sur les hydropisies des femmes enceintes. On y trouve un exposé assez complet de l'albuminurie puerpérale. Ce Mémoire a commencé à fixer la science sur ce point. La question d'éclampsie y est également traitée.

En 1849, thèse de M. Blot sur l'*Albuminurie des femmes enceintes*, thèse contenant des recherches nombreuses, souvent citées; l'auteur signale les rapports de l'éclampsie avec l'albuminurie, et l'influence de cette dernière sur l'hémorrhagie utérine.

Depuis cette époque jusqu'à ce moment, outre un assez grand nombre d'observations jetées çà et là dans la presse médicale, il a paru sur la question qui nous occupe d'autres travaux importants.

Déjà M. Simpson, en 1847, avait fait paraître dans *Edimb. monthly journal*, un Mémoire remarquable sur les lésions du système nerveux dans l'état puerpéral, en rapport avec l'albuminurie (3); en 1852, il en publia un second dans le même journal sur l'albuminurie dans les convulsions des femmes grosses et des enfants, et dans l'amaurose puerpérale (4).

En 1853, K. Braun traite longuement des convulsions des femmes enceintes dans *Wien. medic. Wochenschrift*, et le 3 janvier 1854, M. Depaul lit à l'Académie de médecine un rapport sur un Mémoire de M. Mascarel sur les convulsions puerpérales, rapport suivi de discussion.

---

(1) *Provincial, med. journal.* Mars, 1844.
(2) *Archives générales de médecine.*
(3) On lesions of the nervous system, etc.; in the puerperal state, connected with albuminuria. Monthly journal, p. 288.
(4) Albuminuria in puerperal and infantile convulsions and in puerperal amaurosis, etc.
Ce Mémoire a été réimprimé dans les *Contributions* de l'auteur.

Quelques mois plus tard, et après l'envoi de mon travail à l'Académie impériale, M. Leudet publie un Mémoire important sur l'albuminurie puerpérale dont voici les conclusions : 1° L'albuminurie qui survient chez les femmes grosses peut persister plusieurs semaines, plusieurs mois même après l'accouchement ; 2° elle peut être dans ce cas l'indice d'une néphrite albumineuse ; 3° la néphrite albumineuse, survenue consécutivement à la grossesse, s'accompagne de tous les accidents de l'affection idiopathique ; 4° elle peut se terminer par la mort; 5° l'anatomie pathologique a montré souvent, dans les reins de ces malades, les lésions de la néphrite albumineuse (*Gazette hebdomadaire*, 14 *avril* et 5 *mai* 1854). Cette thèse est au fond et en partie identique à celle que je soutiens dans mon Mémoire ; j'ose même réclamer la priorité, et j'espère avoir démontré les mêmes conclusions d'une manière encore plus tranchée et plus complète que ne l'a fait M. Leudet.

Dans la même année, M. Fletwood Churchill, marchant sur les traces de Simpson et des nombreux médecins anglais, ses compatriotes, qui ont si largement contribué à l'histoire du mal de Bright, fait paraître des recherches sur la paralysie qui survient pendant la gestation et l'état puerpéral (1), recherches précieuses pour l'histoire de la paralysie albuminurique.

Enfin, M. le docteur E. Dufresne, de Genève, a publié récemment dans l'*Art médical* (*août* et *septembre* 1855) une étude sur l'anasarque, l'albuminurie et les lésions des reins dans quelques maladies. Ce travail est remarquable par son esprit philosophique ; c'est moins une œuvre d'analyse qu'une œuvre de synthèse, et j'ai été heureux d'y retrouver quelques-unes des idées déjà développées dans mon Mémoire.

CHAPITRE SECOND.

EXPOSÉ DE LA QUESTION. SYMPTOMATOLOGIE.

On sait aujourd'hui que l'on rencontre de l'albumine dans les urines, dans une foule de circonstances très-variées.

Il existe d'abord une albuminurie qu'on a appelée normale. On en a cité quelques rares exemples : d'après Canstatt, une nourriture végétale, l'usage d'un pain mal cuit, ou d'aliments farineux, peuvent produire une albuminurie temporaire. Simon (2) dit avoir rencontré une assez grande quantité d'al-

---

(1) Dublin Quarterly, journ. of med., t. XVII, 1854.
(2) Anthropochemie. Berlin, 1842.

bumine dans les urines d'un jeune homme qui jouissait de santé la plus prospère.

M. Patrick Tegart (1), pour montrer combien facilement l'albuminurie peut s'établir indépendamment de toute altération des reins, rapporte les expériences suivantes : il a remplacé pendant quelque temps une partie de sa nourriture ordinaire par une demi-douzaine d'œufs à la coque, et l'albumine n'a pas tardé à se montrer dans ses urines. Un de ses amis s'était avisé par bizarrerie de ne vivre que d'œufs, d'herbes fraîches et de pain. Cette nourriture allait bien à son goût ; mais, un matin, il fut effrayé en voyant ses urines extrêmement mousseuses. Deux jours après, la quantité d'albumine était si grande qu'après avoir uriné, cette substance formait un filet qui s'écoulait presque sans se rompre, mesurant ainsi la distance de l'urètre au pavé.

Sans vouloir nier de tels faits, il est permis, surtout pour les derniers qui sont évidemment empreints d'exagération, d'en appeler à une observation plus sérieuse.

Canstatt affirme encore que la dyspepsie peut produire l'albuminurie. Rees prétend ne l'avoir jamais observé, quoiqu'il ait prié souvent ceux qui soutenaient ce fait de lui en fournir la preuve. Il nie formellement que le fromage, la diète lactée ou la pâtisserie puissent développer de l'albuminurie. Nous verrons du reste plus tard les symptômes gastriques jouer un grand rôle dans l'histoire du mal de Bright, ce qui peut expliquer en partie l'erreur étiologique de la dyspepsie.

On a prétendu encore, dit Rees, qu'une nourriture animale très-abondante pouvait donner lieu à de l'albuminurie ; mais l'erreur tient à ce fait que l'urine dyspeptique, comme celle que l'on rend après un repas très-copieux, est souvent troublée sous l'action de la chaleur par un précipité de phosphate calcaire, phénomène qui a fait croire en ce cas à la présence de l'albumine.

Il est permis de soutenir aujourd'hui, sans crainte d'être démenti par les faits, que l'albuminurie prétendue *normale* est réellement anormale, antiphysiologique. Dans l'état de santé, il n'y a pas d'albuminurie, et quoi qu'on en ait dit chez les femmes grosses, à l'état normal, il n'y a pas d'albumine dans les urines. B. Kloek (2) croit devoir interpréter en partie l'al-

---

(1) Thèse de Paris, 27 août 1845.
(2) Specimen med. inaug., exhibens nonnulla de momento diagnostico albuminuriæ. Groningæ, 1844.

buminurie *normale* par la kyestéïne de la grossesse ; ce qui est complétement inexact.

Il est probable que beaucoup de faits qui ont été invoqués en faveur de l'albuminurie normale, ont été mal observés, et appartiennent à la forme latente chronique du mal de Bright ; car, dans cette forme si remarquable, l'albuminurie peut paraître à un observateur superficiel le seul symptôme existant et lui faire prendre, pour une albuminurie normale, un état pathologique très-réel qui ne fait que sommeiller, et qui signale souvent son réveil par les accidents les plus graves.

Un certain nombre aussi de ces mêmes faits peuvent se rattacher à une néphrite albumineuse qui a pu exister plusieurs années auparavant, et qui a laissé, comme trace de son passage, une albuminurie persistante avec les apparences d'une bonne santé ; je donne à l'appui l'observation suivante, citée par Johnson.

Obs. I. — Un médecin, aujourd'hui âgé de trente-trois ans, a été pris, il y a seize ans, de fièvre scarlatine, avec refroidissement dans une période avancée de la maladie, et hydropisie consécutive en rapport avec une maladie des reins.

Cette affection disparut promptement et le malade recouvra promptement ses forces, et il ne pensait plus à sa scarlatine lorsque, cinq ans après, en 1841, un de ses condisciples voulut examiner ses urines et les trouva albumineuses. Depuis cette époque, ce médecin a constamment surveillé ses urines, et y a toujours constaté la présence de l'albumine. Elles sont habituellement normales en quantité, en coloration et en poids spécifique. J'en ai vu l'échantillon ; elles sont de couleur citrine ; poids spécifique, 10,20 ; elles se coagulent d'une manière très-marquée, quoique faiblement, par l'acide nitrique et la chaleur.

Ce médecin possède à Londres une clientèle très-étendue ; il est de bonne corpulence et a toutes les apparences d'une excellente santé. Le docteur Bright lui-même ne soupçonnerait pas le moins du monde l'existence de l'albuminurie chez ce confrère. Cependant, depuis onze ans, ses urines ont toujours été albumineuses, et comme il est porté lui-même à le croire, il en a été toujours ainsi depuis sa fièvre scarlatine.

Ce fait est aussi intéressant que rassurant, puisqu'il démontre que l'albuminurie peut exister pendant un temps fort long sans altération notable des reins. Il est à présumer dans cette circonstance que les reins sont simplement hypertrophiés, et qu'il n'y a peut-être qu'un simple trouble et épaississement des capsules de Malpighi et des artères. (*Johnson.*)

Enfin, on rencontre de l'albuminurie dans le mal de Bright proprement dit, dans la scarlatine et à la suite de la scarlatine.

beaucoup plus rarement dans la variole et la rougeole, assez souvent dans la fièvre typhoïde, à la suite de fièvres intermittentes prolongées, de maladies organiques du cœur, dans le choléra et dans le cours de la tuberculose.

Il en existe aussi parfois dans l'état puerpéral. C'est là l'*albuminurie puerpérale*.

Il est évident que je n'ai point à m'occuper ici de l'albuminurie éphémère, ni de celle qui peut avoir lieu dans les fièvres éruptives et continues, dans le choléra, etc., toutes conditions morbides qui peuvent, à la rigueur, compliquer la grossesse et les suites de couches.

Une albuminurie étant donnée dans la grossesse, quelle en est la signification (en dehors des conditions morbides précitées)? tel est, je crois, le sens de la première partie de la question posée par l'Académie : *de l'albuminurie puerpérale*.

La question ainsi établie et limitée, je vais essayer de démontrer, d'après l'ensemble des faits, que l'albuminurie puerpérale est réellement symptomatique de ce qu'on a appelé improprement *néphrite albumineuse*, qu'elle n'est autre chose que la maladie de Bright, et qu'il existe un *mal de Bright puerpéral*, comme il existe une pneumonie et une péritonite puerpérales.

Quant à la seconde partie de la question : *Des rapports de l'albuminurie puerpérale avec l'éclampsie*, j'essaierai également de démontrer que les faits connus jusqu'à ce jour autorisent à penser que l'*éclampsie puerpérale* n'est autre chose que le mal de Bright puerpéral, dans lequel il survient des convulsions; en d'autres termes, que l'éclampsie est réellement symptomatique de la néphrite albumineuse ou du mal de Bright.

Ces deux thèses, qui au fond s'identifient, je vais tâcher de les établir par la symptomatologie, la marche de la maladie, et l'histoire des lésions anatomiques.

J'entre ainsi dans les difficultés de la question : on n'exigera pas de moi, à propos de l'albuminurie puerpérale et de ses rapports avec l'éclampsie, de faire *toute l'histoire* de l'albuminurie et *toute l'histoire* de l'éclampsie : quand une Société savante met au concours une question, elle ne demande point la répétition complète des faits connus ; elle demande de nouvelles recherches, elle appelle la lumière sur les points obscurs et contestés. Les études et discussions récentes sur la vaste question de l'albuminurie en signalent assez les difficultés; il faut donc faire converger toutes ses forces vers les points difficiles et obscurs, pour tâcher de les élucider. C'est là, je crois, répondre naturellement aux intentions de l'illustre Société savante, à laquelle j'adresse ce Mémoire.

Il y a longtemps que je m'occupe de la maladie de Bright. Depuis la publication de M. Rayer sur les maladies des reins, en 1840, il n'est pas un ouvrage sorti de la presse française que je n'aie lu sur cette vaste question. Je me suis même procuré la plupart des ouvrages étrangers publiés sur le même sujet, Osborne (1), Rees, Malmsten, Johnson, Frerichs, Mazonn et Simpson. J'ai voulu aussi lire Blackall et Wells, surtout Blackall, les deux précurseurs de Bright, et j'avoue en avoir retiré un grand profit. Comme ces noms divers reviendront plus d'une fois sous ma plume, j'ai besoin, à leur sujet, de donner quelque notice bibliographique, attendu que la plupart d'entre eux sont encore presque totalement inconnus à la presse française.

Quant à Blackall, Wells et Osborne, on trouvera des renseignements sur ces auteurs dans le savant historique, qu'a tracé M. Rayer, de la néphrite albumineuse.

Malmsten, médecin à Stockholm, a donné en 1846 (2) une monographie sur le mal de Bright (168 pages in-8°). C'est l'analyse de l'ouvrage de M. Rayer. On y trouve cependant des détails intéressants sur quelques points particuliers. En tête de la brochure, l'auteur cite en entier vingt-quatre observations : elles m'ont été fort utiles pour élucider certains faits de symptomatologie.

Owen Rees, médecin anglais, a publié en 1849 une petite brochure sur la maladie de Bright. Il analyse les travaux de Bowman sur l'anatomie normale des reins, ceux de Johnson sur l'anatomie pathologique, étudie en détail le sang et les urines des albuminuriques. Il résume fidèlement les opinions diverses des médecins de la Grande-Bretagne sur la question du mal de Bright.

Fried. Théod. Frerichs, professeur de clinique à Kiel, a publié (3) un traité des plus complets et des plus savants sur la

---

(1) On dropsies connected with suppressed perspiration and coagulable urine. London, 1835.

(2) Über dir Brightsche Nierenkrankheit, traduit du suédois. Brêmen, 1846.

(3) *Die Brightsche Nierenkrankheit.* — Braunschweig, 1851.

maladie de Bright. C'est un résumé parfait de tous les travaux qui ont paru en France, en Angleterre et ailleurs, sur cette maladie. On y trouve un exposé complet de l'anatomie normale et pathologique des reins, avec des études micrographiques, accompagnées de planches. La théorie de l'urémie, ou de l'intoxication urémique, y est développée fort au long : l'auteur en fait la base de sa pathogénie. On trouve à la fin de l'ouvrage dix-sept observations. Il n'a donné qu'une seule observation d'albuminurie puerpérale. C'est en même temps une observation d'éclampsie. Quant à la question d'albuminurie puerpérale, l'auteur ne fait qu'analyser les travaux français, et en particulier, le Mémoire de MM. Regnauld et Devilliers ; il ne parle nullement de la thèse de M. Blot. Cet ouvrage m'a été fort utile et m'a éclairé sur beaucoup de questions, principalement sur l'anatomie pathologique et la théorie de l'urémie.

Dans la même année, Mazonn, médecin russe, résidant à Kiew (Russie méridionale), a donné des recherches d'anatomie pathologique sur le mal de Bright, recherches fort originales et curieuses (1). Elles sont en partie la justification des premiers travaux de Johnson. On y trouve surtout des documents fort intéressants sur le mal de Bright consécutif aux fièvres intermittentes : il n'y a que la première partie du Mémoire qui ait encore paru. L'auteur passe complètement sous silence la question d'albuminurie puerpérale. Il donne d'assez nombreuses observations : aucune d'elles n'y a rapport.

Un an après Frerichs, le médecin anglais, George Johnson, a fait paraître un traité sur les maladies des reins (2). Cet ouvrage est en partie la reproduction des nombreux Mémoires que l'auteur avait publiés depuis six ans dans les *medico-chirurgical transactions*, et ailleurs. Johnson a surtout étudié la lésion rénale au point de vue microscopique, et, se fondant sur la disparition plus ou moins complète des épithéliums qui tapissent l'intérieur des canaux urinifères, revêtement intérieur qui s'altère par une espèce de desquamation, et aussi sur la transformation graisseuse des reins, il divise la néphrite 1° en néphrite aiguë par desquamation ; 2° néphrite chronique par desquamation ; 3° simple dégénérescence graisseuse des reins ; 4° combinaison de la néphrite par desquamation avec la dégé-

---

(1) *Zur Pathologie der Brightschen Krankheit.* — Kiew, 1851.
(2) *On the diseases of the Kidney.* — London, 1852.

nérescence graisseuse. Johnson est surtout le micrographe du mal de Bright. Quoique ces divisions de la maladie, basées sur les données micrographiques de la lésion, soient très-contestables même au point de vue de l'organicisme le plus pur, l'auteur n'en a pas moins apporté des matériaux précieux pour l'histoire anatomo-pathologique de la néphrite dite albumineuse. Seulement, on est étonné de voir le médecin anglais passer complétement sous silence la question de l'albuminurie puerpérale, et de ses rapports avec l'éclampsie, en présence des travaux de Lever et de Simpson, ses compatriotes.

Quant à ce dernier, l'illustre accoucheur anglais est véritablement trop connu en France par ses nombreux travaux, pour qu'il soit nécessaire d'en faire la biographie scientifique.

En abordant maintenant l'histoire symptomatologique du mal de Bright, je tiens à entrer dans de nombreux détails, pour deux raisons :

La première, c'est qu'on a avancé que *l'albuminurie de la grossesse ne s'accompagnait pas, en général, des troubles fonctionnels et des symptômes auxquels elle donne lieu quand elle est liée à une maladie des reins* (Cazeaux, Traité des accouchements, p. 316). J'espère pouvoir démontrer l'inexactitude de cette opinion. Or, pour juger cette question, il faut comparer.

Secondement, mes recherches personnelles m'ont mis à même de compléter, sur beaucoup de points, la symptomatologie du mal de Bright, et j'ai besoin de citer tous ces faits à l'appui de ma thèse. J'insisterai principalement sur l'analyse de quelques symptômes dont il est nécessaire de fixer la valeur, d'autant plus que leur prédominance peut servir à constituer quelques formes importantes de cette maladie.

§ 1. — *De l'affaiblissement de la vue, ou de l'amaurose albuminurique.*

Le 9 octobre 1849, M. le professeur Landouzy lit à l'Académie de médecine (1) un Mémoire remarquable sur l'affaiblissement de la vue, considéré comme symptôme de la néphrite albumineuse, et prétend que *ce signe n'a point encore été inscrit dans la science.*

---

(1) Bulletin de l'Académie de médecine. Paris, 1849, t. xv, p. 74 et 96.

— « Je n'ai pas encore noté, dit M. le professeur Grisolle, (Traité de pathologie, 1852), le phénomène que signale M. Landouzy. Je crois donc qu'il est rare, très-exceptionnel, indépendant peut-être de l'albuminurie; car s'il existait aussi souvent que le pense l'habile médecin de Reims, on ne comprendrait pas qu'il eût passé inaperçu jusqu'à ce jour. »

Faudra-t-il donc encore répéter avec la sagesse antique : *Nil novum sub sole* ? il y a parfois de l'inconvénient à faire dater l'observation exacte de sa personalité propre, et il nous arrive souvent en France de proclamer comme nouveautés beaucoup de faits scientifiques, admis depuis longtemps à l'étranger, et consacrés de longue date par la tradition.

Il n'y a qu'à lire l'histoire des hydropisies dans les anciens observateurs, pour se convaincre que le symptôme d'amaurose albuminurique ne leur a nullement échappé, et que c'est un symptôme véritablement traditionnel dans l'espèce : en voici d'assez nombreuses preuves.

C'est dans Arétée que nous trouvons le premier document. A propos de l'affection calculeuse des reins, ce nosographe par excellence donne une description parfaite de l'hydropisie de Bright, et il n'oublie pas de noter l'affaiblissement de la vue : *oculorum acies hebet*, à côté d'autres accidents cérébraux si familiers à l'albuminurie.

F. Hildanus (*centuriæ observ.*, opera, 1646), raconte l'observation d'un homme âgé de 34 ans, tombé depuis plusieurs années dans un état cachectique avec hydropisie générale. A la suite d'un vomitif violent, il fut pris de cécité complète pendant 24 heures.

On lit dans les mélanges des curieux de la nature (*Misc. nat. cur.*, dec. 1. ann. 3.), l'histoire d'une femme devenue aménorrhéique depuis deux ans, avec enflure du ventre et des membres inférieurs. Elle fut prise de vertige, de faiblesse de la vue, et bientôt après d'attaques épileptiformes graves, suivies d'une amaurose complète incurable.

Hagendorn (*Historiæ physico-medicæ*, 1690) cite l'observation d'un fondeur de cloches, atteint d'anasarque à la suite d'ingestion d'eau froide, pendant qu'il était tout bouillant de chaleur au milieu de son travail. Cette anasarque était accompagnée d'une dyspnée intense, qui l'empêchait de parler et de marcher. Après dix-huit mois de médications diverses restées infructueuses, le malade sentit un jour sa vue s'obscurcir tout à coup ; le lendemain, cécité complète, avec oppression si considérable de la poitrine qu'il mourut le troisième jour dans les convulsions.

On trouve encore, dans les *frankische Sammlungen*, l'observation suivante de Muller : il s'agit d'une femme, habitant un pays marécageux, atteinte de fièvre quarte depuis neuf mois, et par suite, d'hydropisie générale. La fièvre cède au kina, à la gomme-gutte et à la scille. L'enflure commence à diminuer, et la malade se plaint en même temps d'une faiblesse considérable de la vue, qui dégénère en amaurose complète, à mesure que l'hydropisie disparaît. Elle finit plus tard par recouvrer entièrement la vue.

Frédéric Hoffmann a donné de semblables observations, et ce sont justement des amauroses qui ont lieu dans l'état puerpéral. Il parle même de l'amaurose scarlatineuse : « *Idem fit post morbos acutos, febres malignas, variolas...* » Et il cite à l'appui deux observations de scarlatine chez deux enfants, dont l'un fut même pris de convulsions épileptiques (*Opera*. t. III, p. 229 et 232).

Il y a plus de soixante ans, Quarin parlait encore de l'amaurose (1) : « *De hydrope pectoris... tument crura, et quandoque scrotum... demum præcordiorum angustiæ... una, raro utraque manus tumescit, inflatur vultus... AMAUROSI... corripiuntur.* » — On croit vraiment lire une description du mal de Bright.

Non-seulement les observateurs qui ont précédé le célèbre médecin anglais ont mentionné l'amaurose dans l'histoire des hydropisies, mais depuis 1827, époque de la publication des travaux de Bright, le même phénomène a été souvent décrit, bien avant la prétendue découverte de M. Landouzy.

Malmsten publie en tête de sa monographie vingt-quatre observations de maladies de Bright, et signale onze fois le symptôme d'amaurose albuminurique. Ces observations ont été prises de 1836 à 1842. Dans la description des symptômes cérébraux, il parle de l'affaiblissement de la vue comme d'un symptôme ordinaire, qu'il est loin de proclamer comme une découverte, et dans un tableau statistique où figurent soixante-neuf cas, il note ce symptôme soixante fois sur soixante-neuf. Sur 15 cas, M. Landouzy l'a rencontré 13 fois. Pour mon compte, sur les nombreuses observations qui me sont person-

---

(1) *Animadversiones praticæ*, p. 77.

nelles, je l'ai constaté environ trois fois sur quatre. Frerichs le note six fois sur 41.

Christison, Gregory, Rayer ne font point mention du phénomène amaurotique. Cependant, sur les soixante-dix-neuf observations de M. Rayer, on trouve deux cas de troubles visuels.

Bright n'en a parlé que dans son dernier Mémoire (avril 1843). Dans un tableau statistique, il relate l'amaurose 5 fois sur 37. Toutefois, dès 1836 (*Guy's hosp. Reports*, p. 356), il citait une fort belle observation, où l'on voit l'amaurose apparaître comme phénomène initial, précédant de plus de quinze jours des accidents cérébraux mortels.

Déjà, en 1847, dans un Mémoire cité plus haut, M. Simpson avait signalé l'amaurose *prémonitoire*, et donné des observations à l'appui, comme nous le verrons plus tard.

Donc, M. Landouzy *n'a point inscrit le premier*, dans les fastes de la science, le symptôme d'amaurose albuminurique; toutefois il a le mérite d'avoir appelé, le premier en France, l'attention sur ce fait important de symptomatologie, et en particulier sur son caractère prodromique.

Le symptôme d'amaurose albuminurique existe-t-il aussi dans l'albuminurie puerpérale? Incontestablement.

Avant la découverte de Bright, on en rencontre déjà des traces nombreuses dans la tradition. En compulsant les anciens observateurs, on trouve un grand nombre de cas d'amaurose survenus dans l'état puerpéral, et souvent accompagnés d'œdème et d'éclampsie. Il est permis de rapporter ces faits, pour la plupart, à l'albuminurie puerpérale, parce que l'observation moderne depuis Bright a presque habituellement, en pareil cas, démontré la coexistence de l'albumine dans les urines, comme je le prouverai plus tard.

En 1645, J. Leonicenus vit à Padoue une femme devenue amaurotique, à la suite d'une fièvre violente survenue pendant ses suites de couches.

Sennert affirme qu'on a vu souvent des femmes frappées d'amaurose pendant l'état puerpéral, et l'affection durer jusqu'au quatrième, cinquième et sixième mois, et quelquefois jusqu'à la fin de la grossesse.

Salmuthus (*Observ. centuriæ.* 1648) raconte avoir vu une comtesse devenir amaurotique à chaque grossesse; mais l'affection disparaissait après l'accouchement ou les suites de couches. Rolfincius (*Disp. de guttâ serenâ.* 1670) rapporte de se niblables exemples, et plus tard Schmucker (*Vermisch. chirurg. schriften*, 1776) cite une observation d'amaurose dans trois grossesses successives.

F. Hildanus parle d'une femme atteinte pendant la grossesse d'une obstruction du foie et d'œdème des membres inférieurs, avec amaurose concomitante qui fut guérie par un séton.

On lit dans les mélanges des curieux de la nature (*dec. 1. a. 3*) l'observation d'une femme grosse, prise subitement d'attaques d'éclampsie : avortement, coma consécutif, et à la suite amaurose qui finit par céder à un régime diaphorétique. Dans le même recueil (*dec. 2. a. 7*), C. Clauderus parle d'une femme arrivée au terme de sa grossesse, prise subitement de céphalalgie violente, et deux heures après d'amaurose, bientôt suivie d'éclampsie. G. Heldius, dans les mêmes mélanges (*cent. 3, obs.* 180), cite l'observation d'une femme de quarante-trois ans, enceinte de quatre mois ; avortement provoqué par un purgatif drastique ; à la suite de l'administration de vin antimonié pour obtenir la délivrance, il survint une perte continue pendant soixante-dix jours, accompagnée de grande faiblesse et de lipothymies fréquentes; en même temps, amaurose progressive qui devint complète et incurable.

Fréd. Hoffmann (*Opera. Genevoe*, 1748, t. III, p. 229) semble avoir résumé tous ces faits en disant : « Gutta serena evenit etiam parturientibus, vel in ipso partu..., vel post partum, si fuerit laboriosus, et cùm primis adfuerit lochiorum defectus, qualem et venœ sectione curavit Mauriceau (*cent.* 5, *obs.* 568). Notandum quoque, quod hemicrania quœ interdùm excipit puerperium, sœpius in cœcitatem terminetur. »

Cf. encore M. Alberti (*Diss. de visûs obscuratione à partu. Halœ*, 1732), Œhme (*Disp. de amaurosi*), J. Storch, P. Horchstetterus (*Obs. medicor*), J. G. Brendel (*Opusc. medica*), maréchal de Rougères (*Anc. journ. de médecine*, t. XXVI, p. 48), etc. Saint-Yves a décrit aussi l'*amaurosis gravidarum*.

M. Sichel, consulté sur un cas d'amaurose puerpérale, lui donne le nom d'amaurose cérébrale congestive sous l'influence de la grossesse. Il a donné des soins à une femme atteinte d'amaurose pendant six grossesses consécutives. Il est probable qu'un grand nombre de ces amauroses puerpérales, alors même qu'il n'y a pas coïncidence d'hydropisie ou d'éclampsie, sont en rapport avec une albuminurie latente.

Sans parler de l'amaurose prodromique de l'éclampsie, ordinairement compliquée d'œdème, faits constatés par M. Prestat dans sa thèse (Paris, 1839), et Robert Johns dans son Mémoire (*M. sur les convulsions puerpérales*, *journal de chir. de M. Malgaigne*, 1843), Simpson, dans ses deux Mémoires déjà cités, signale l'amaurose puerpérale albuminurique comme un symptôme fréquent.

Aujourd'hui, depuis les travaux récents sur l'albuminurie, de nombreux faits ont été produits, qui permettent d'apprécier à sa juste valeur l'importance du phénomène amaurotique dans l'histoire de l'albuminurie puerpérale et de l'éclampsie. Je vais citer à ce sujet quelques observations remarquables, et je terminerai par des conclusions qui ressortiront naturellement des faits invoqués à l'appui.

Obs. II. — N... âgée de 36 ans, mère de six enfants. En 1847, deux jours après la naissance de son cinquième enfant, elle perd la vue pendant la nuit, et l'on constate au point du jour une amaurose complète, qui disparaît graduellement et entièrement dans l'espace de quelque jours.

Dans la seconde semaine après la délivrance de son dernier enfant, au mois de juillet 1850, elle est frappée soudainement de cécité, avec accompagnement de stupeur et de grande petitesse du pouls. Cette fois-ci, l'amaurose ne disparaît pas, comme dans la première attaque. Au mois de septembre 1851, la malade ne peut pas encore lire ; la mémoire lui fait souvent défaut ; il lui arrive souvent, au milieu d'une phrase, de ne pouvoir trouver le mot propre. La pupille est contractée ; elle a été dilatée et immobile pendant quelque temps. Son dernier enfant est mort de convulsions une semaine après sa naissance. Le docteur Sidey, avec qui j'ai vu la malade, a constaté lors de la première attaque d'amaurose, que les urines étaient excessivement albumineuses. Il a continué à les examiner fréquemment jusqu'à ce jour ; l'albuminurie a toujours persisté. (*Simpson Contributions.*)

Cette observation de Simpson, ainsi que la suivante qui m'est personnelle, et qui est identique à celle publiée par l'accoucheur anglais, donne peut-être la clef de ces faits d'amaurose répétés à chaque grossesse, faits cités par Salmuth, Rolfincius, Schmucker et d'autres observateurs, et semble prouver qu'on doit les rattacher à l'albuminurie.

Obs. III. — Marie Davaillat, âgée de 27 ans, entrée vers la mi-juin 1854, à l'Hôtel-Dieu de Clermont-Ferrand.

Mariée, il y a un an, enceinte trois mois après, environ : a commencé à vomir vers le mardi de Pâques ; elle rejetait tout ce qu'elle prenait. Quelque temps avant l'apparition des vomissements, la malade s'était aperçue que ses jambes enflaient notablement ; plus tard, enflure générale.

Dès le début des vomissements, la vue a commencé à s'affaiblir d'une manière considérable : Marie Davaillat ne pouvait se conduire qu'avec peine.

Huit jours environ après le commencement des vomissements, attaque d'éclampsie qui l'a laissée sans connaissance pendant trois jours, et par suite, amaurose complète persistante.

Les vomissements continuent jusqu'à sa délivrance; elle accouche sans accident d'un enfant mort et putréfié, le 1er juin.

L'enflure disparait pendant les suites de couches; mais l'amaurose persiste, ce qui la décide à venir à l'hôpital.

A son entrée, l'on constate une cécité presque complète; c'est à peine si elle distingue la lueur d'une chandelle; pupilles dilatées, iris à peine mobile sous l'excitation d'une vive lumière. Il n'y a plus de vomissements, ni d'enflure; mais, depuis ses couches, la malade est tourmentée d'une céphalalgie vive et continuelle. Fonctions digestives bonnes; Marie Davaillat voudrait toujours manger.

Urines claires, légèrement citrines et très albumineuses.

Au bout de quelques jours, la malade, ennuyée du séjour de l'hôpital, retourne à son village, sans aucune amélioration de son état.

J'ai appris depuis, de la bouche d'une de ses parentes, que, quelque temps après, sa vue s'était améliorée, et qu'elle avait pu aller quelquefois vendre des denrées au marché de la ville voisine.

Depuis cette époque, elle est redevenue enceinte; elle est accouchée le 8 septembre 1855, à terme, d'un enfant mort.

Elle était devenue anasarque dans le dernier mois de sa grossesse. L'enflure a disparu quelques jours après sa délivrance. Il paraît que, pendant ses suites de couches, elle aurait eu une espèce d'attaque, qui l'aurait laissée plusieurs heures sans connaissance. Depuis cette seconde grossesse, et en particulier depuis sa délivrance, elle a perdu complétement la vue.

Je désirais beaucoup voir la malade, et quoique éloignée de 5 à 6 lieues de Clermont, elle a bien voulu, sur ma demande, venir me trouver le 8 mars 1856. A ce moment, la femme Davaillat est complètement aveugle; c'est à peine si elle peut distinguer le jour de la nuit. Ses urines, examinées par acide et chaleur, sont très-albumineuses. Le coagulum obtenu par la chaleur occupe le quart environ de la colonne de liquide contenu dans l'éprouvette. Les pupilles sont notablement dilatées. J'interroge avec soin la malade; elle ne se plaint absolument de rien, et dit jouir, à part l'état de ses yeux, de la santé la plus parfaite. Elle en a du reste toutes les apparences. Elle urine seulement trois ou quatre fois la nuit. C'est là le seul symptôme albuminurique qui existe. Pas la moindre trace d'enflure; pas d'accidents gastriques. Elle a un excellent appétit. Elle offre en ce moment l'état le plus complet d'albuminurie latente que j'aie jamais rencontré.

OBS. IV. *Albuminurie post-puerpérale.* — Marie Quinty, trente-cinq ans, accouché en juin 1852; *depuis ses couches ne s'est jamais bien relevée.*

J'ai su plus tard, par une dame qui l'assistait, qu'elle était toujours fatiguée, et qu'elle se plaignait de *ne rien y voir*.

Entrée à l'Hôtel-Dieu de Clermont-Ferrand, le 2 avril 1853. A cette époque, Marie Quinty avait toutes les apparences de la santé; elle se plaignait seulement de crampes *par tout le corps*, de troubles dans la vue et d'une grande faiblesse qui l'empêchait de travailler. J'inscrivis sur mon registre d'observations : *affection cérébro-spinale obscure.* — Je pensai même que la malade me trompait. Sortie au bout de quatorze jours.

Rentrée le 24 septembre 1853, cette femme, que je reconnais, est loin d'avoir la même apparence de santé. Teint pâle, souffrant, jaune-paille ; elle est obligée de garder le lit. Elle raconte qu'elle n'a plus ses règles depuis six mois; elle ne se plaint que d'une grande fatigue, n'a jamais été enflée, a peu souffert de la tête, n'a pas eu mal aux reins, n'y souffre même pas par la pression. L'état amaurotique qu'elle avait à Pâques n'a duré que deux ou trois mois. Depuis, elle a vu bien clair; cependant, elle ne voit pas par moment les objets qui sont devant elle.

Embarrassé pour porter un diagnostic, je soupçonne une albuminurie latente. Le 28 septembre, je constate que les urines sont notablement albumineuses, caractère qu'elles ont conservé jusqu'à la fin; je les ai examinées tous les jours.

Du 1er octobre au 22, jour de sa mort, l'état de la malade n'a fait qu'empirer, avec nausées et vomissements fréquents. Elle se plaint surtout d'avoir la bouche empoisonnée; anxiété considérable.

Ce n'est que le 18 qu'*il est survenu de l'enflure pour la première fois*; c'est à la face. Cette bouffissure devient bientôt érysipélateuse; délire avec coma dans les dernières vingt-quatre heures.

Autopsie. — Le cadavre n'offre nulle part le moindre œdème, excepté à la face et au cou qui ont été envahis par l'érysipèle œdémateux; paupière supérieure droite, en partie gangrénée; cerveau sain, sans traces d'épanchement.

Poumons et plèvres à l'état normal; rate quatre fois plus grosse, comme dans les fièvres intermittentes rebelles, dure, consistante; foie non hypertrophié, couleur café au lait ou noix muscade, entièrement granuleux à la coupe.

Rein gauche, atrophié d'un tiers environ ; la membrane propre s'enlève difficilement et entraîne avec elle un peu de tissu rénal, elle est épaissie et blanchâtre ; il existe à la surface trois ou quatre petits kystes, gros comme un grain de chenevis, remplis d'un liquide opaque. La substance corticale est très-peu épaisse, elle est d'un blanc rose; à la coupe, sur quelques points, on constate la dégénérescence jaunâtre habituelle; ailleurs, ce sont des granulations ; la base des pyramides est *en gerbe*.

Rein droit presque double du gauche; dans sa moitié inférieure, on voit deux ou trois saillies en mamelon, assez bien dessinées ; en incisant sur ces mamelons, on constate la dégénérescence jaunâtre, trois ou quatre petits kystes superficiels, autant à l'intérieur; les pyramides sont également effeuillées ou en gerbe à la base. Examiné au microscope de

Nachet, le liquide des kystes est riche en graisse et en cristaux de mélanine; on y voit beaucoup d'épithéliums semi-corrodés, et un grand nombre de cylindres fibrineux. — Cf. obs. VI, VII, XVIII.

De toutes les observations d'amaurose prodromique connues jusqu'à présent dans la science, il n'en existe pas de plus remarquable que celle de la femme Quinty. Elle est d'une importance majeure, puisqu'elle établit que le phénomène amaurotique peut préexister plus d'un an d'avance à l'explosion de la maladie de Bright franchement caractérisée. Malmsten (obs. 21) cite un fait où l'amaurose a précédé l'œdème de quatre à cinq mois; M. Landouzy, deux observations avec deux mois d'antériorité, et une troisième avec huit jours seulement. M. Simpson a publié aussi une observation d'amaurose puerpérale albuminurique, débutant plusieurs semaines avant l'accouchement qui fut compliqué d'éclampsie. On ne peut disconvenir aujourd'hui que l'amaurose ne joue un grand rôle dans la forme latente du mal de Bright, et ne mérite l'attention sérieuse de tous les observateurs.

Obs. IV *bis*. — Amaurose albuminurique, survenant plusieurs mois après la disparition d'une anasarque qui avait duré quatre ans. (Obs. recueillie dans le service de M. le professeur Fleury, par M. Noir, interne).

Antoine Charrier, âgé de 20 ans, cultivateur à Epinet, né de parents sains, dit s'être toujours bien porté pendant ses quinze premières années. A l'âge de seize ans, Charrier commençait à aller travailler la terre; un jour qu'il pleuvait, Charier prit froid et fut obligé de quitter son ouvrage. Dès ce moment, sa santé s'altéra et il remarqua que ses jambes enflaient, qu'il était gêné dans ses mouvements et surtout dans ceux de la respiration; au bout de quinze jours, l'enflure était générale. Les parents du malade inquiets décidèrent ce jeune homme, qui ne ressentait aucune douleur, à entrer à l'Hôtel-Dieu de Clermont-Ferrand. Il y fut reçu et placé salle Saint-Vincent. Pendant les huit jours qu'il y resta, il prit des bains de vapeur, se frictionna le corps, probablement avec la teinture de scille et de digitale, et quoiqu'il n'eût jamais éprouvé des douleurs dans la région des reins, on y plaça deux vésicatoires. Je lui ai demandé si ses urines avaient été examinées, il m'a répondu qu'on les avait bien regardées, mais qu'il ne savait pas ce qu'on y avait trouvé.

Il sortit de l'Hôtel-Dieu sans être soulagé et se retira chez ses parents. Il fit chez lui un traitement que lui avait conseillé quelque docteur de campagne; mais il ne réussit pas mieux que le premier.

Un an s'écoula sans que l'anasarque diminua; il revint à l'Hôtel-Dieu, en 1854, salle Saint-Vincent. Il prit encore des bains de vapeur et sortit au bout de dix jours dans le même état. Deux ou trois mois après, il entra dans l'hôpital de Riom, y resta trois mois sans pouvoir désenfler.

N'éprouvant pas de vives douleurs et pensant rester toute sa vie dans cet état, il entra comme domestique dans une maison pour conduire des bœufs. La position dans laquelle se trouvait Charrier l'obligeait à se donner du mouvement; aussi remarqua-t-il qu'il était plus libre et que l'anasarque disparaissait d'une manière très-sensible. Charrier se croyait complétement guéri, après avoir désenflé, lorsque, le 2 mars 1856, à la suite d'une forte fièvre et d'une céphalalgie intense, sa vue se troubla; il prit des bains de pieds qui ne produisirent aucun effet. Ce trouble dans la vision augmentait de jour en jour.

Le 12 mars, il vint consulter M. Fleury, à Clermont, qui lui conseilla d'entrer à l'Hôtel-Dieu dans son service, où il fut placé salle Duprat, n° 16.

Le malade, quoique âgé de vingt ans, paraît en avoir quatorze ou quinze, tellement il est faible et petit, il n'a pas grandi depuis quatorze ans; il ne paraît pas scrofuleux, ne se plaint d'aucune douleur, n'offre aucune trace d'anasarque. Lorsqu'on examine ses yeux, la pupille paraît dilatée, sans présenter d'autres lésions. Il voit assez pour se conduire, mais à cinq ou six pas, il ne distingue plus rien; ses urines sont albumineuses. D'ailleurs l'état général est satisfaisant; il mange la demi-portion. On lui a prescrit des frictions sur les tempes avec du baume de Fioraventi, ce qui n'a rien produit.

J'ai pris la peine de compulser la plupart des nombreuses observations de maladies de Bright publiées dans les ouvrages et Mémoires *ex professo*, ou jetées çà et là dans la presse médicale et, pour ce qui concerne l'amaurose albuminurique, je crois qu'on peut, en résumé, d'après ces observations et les miennes propres, en tracer ainsi l'histoire :

Cet affaiblissement de la vue doit être accepté comme un fait incontestable. Quoique non constant, il est cependant presque habituel.

L'amaurose peut varier depuis la plus légère amblyopie jusqu'à la cécité la plus complète. J'ai vu un soldat pris de néphrite albumineuse aiguë rester entièrement aveugle pendant vingt-quatre heures seulement.

Ce symptôme se rencontre ordinairement sur les deux yeux en même temps. Deux fois, cependant, je l'ai vu ne porter que sur un seul œil.

Ordinairement fugace et temporaire, l'amaurose peut devenir quelquefois permanente et incurable.

Elle peut être le seul symptôme initial et préexister très-longtemps d'avance à l'explosion des autres symptômes albuminuriques : elle jouit ainsi d'un caractère prodromique ou prémonitoire de la plus grande valeur. Il n'est pas probable que, dans ce cas, l'amaurose devance l'albuminurie.

Ce symptôme varie souvent beaucoup dans tout le cours de la maladie. Remarquable par ses oscillations, il peut être passager, se reproduire plusieurs fois, et se montrer à des degrés très-divers chez le même individu.

L'amaurose se rencontre dans l'albuminurie puerpérale, comme dans la forme commune du mal de Bright ; elle peut survenir avant, pendant et après l'accouchement, et dans les suites de couches, et se reproduire pendant plusieurs grossesses successives.

Liée à l'albuminurie, elle n'est nullement en rapport avec les variations de quantité de l'albumine dans les urines. M. Landouzy prétend qu'elle disparaît et revient en même temps que l'albuminurie. C'est là une erreur complète, comme j'ai eu occasion de m'en convaincre souvent. Le même fait est également contesté par M. Avrard (*Mém. sur l'amaurose albuminurique*, Gazette médicale, 30 juillet 1835).

L'amaurose n'est nullement propre et spéciale aux hydropisies avec urines coagulables. Elle se rencontre également dans les anasarques aiguës, dans les hydropisies sans albuminurie, comme j'en citerai plus tard des observations. On sait qu'elle existe aussi dans le diabète. M. E. Dufresne prétend que ce signe est exclusivement propre à l'anasarque de Bright chronique, et qu'il n'est point signalé dans les hydropisies scarlatineuses, non plus que dans l'anasarque aiguë : ce qui est complétement contredit par les faits.

Je me garderai bien de donner la moindre explication pathogénique sur ce symptôme amaurose. M. Landouzy fait appel au nerf grand splanchnique et à ses anastomoses avec l'œil. M. Beau invoque la dispepsie, dont il a fait le *primum movens* de la plupart des maladies. Vient ensuite M. Marchal, qui a recours à la suffusion séreuse qui prédomine habituellement dans les parties supérieures, etc. J'estime en général que toutes ces explications n'expliquent rien, et que c'est perdre un temps précieux que de se lancer dans ces considérations plus ou moins ingénieuses ; le champ de la science est malheureusement de plus en plus encombré de toutes ces plantes stériles.

§ II. — Paralysie.

Ce symptôme se rencontre quelquefois dans le mal de Bright.

Ch. Lepois (Carolus Piso) le rappelle à propos de l'hydrothorax, et en cite une observation (1). « *Signum alterum fortasse non commune omni hydropi thoracis, resolutio scilicet alterius brachii, aut utriusque.* » Or, beaucoup de cas, attribués par les anciens observateurs à l'hydrothorax, doivent se rapporter aujourd'hui à la maladie de Bright, où l'épanchement pleurétique est parfois l'affection dominante. J'en appelle à la description de Quarin citée plus haut. Blackall a consacré tout un chapitre à l'hydrothorax avec urines albumineuses; il cite plusieurs observations. C'est ce que l'on appelle aussi *hydropisies internes*.

Sauvages admettait *paralysis serosa* et *hemiplexia serosa*. « *Hemiplexia serosa, qualis quæ cachecticos... œdematosos infestatur.* »

Quarin a dit encore, en parlant des hydropiques : « *Quandoque amaurosi et paralysi corripiuntur.* » Ce symptôme est donc admis par la tradition.

Avant Bright, Blackall l'avait déjà signalé (ch. 13, sect. 2). Ailleurs, il le compare à la paralysie saturnine qui affecte les membres supérieurs (ch. 8, obs. I).

Dans M. Rayer, on ne trouve qu'une seule observation (obs. 27) où ce symptôme est assez mal accusé.

M. Valleix cite (2) une observation de néphrite albumineuse aiguë : « le malade, dit-il, éprouva une excessive faiblesse des jambes, bien différente de celle qui résulte de la fatigue. Il en a été tellement frappé, qu'il a plusieurs fois expérimenté pour bien reconnaître qu'il ne se trompait pas. Il y avait une altération marquée de la sensibilité. A peine avait-il le sentiment de la pression, même forte, qu'il exerçait sur la peau des jambes. »

Le passage suivant de Fr. Hoffmann aurait-il quelque rapport avec ces faits de faiblesse paralytique : « *Quando gravidæ, ultimis præsertim mensibus, cum æstu interno de virium debilitate valde queruntur, vidi sæpe et prædixi in puerperio pravos eventus.* »

---

(1) *Selectiorum observationum... liber singularis*, p. 243.
(2) *Revue clinique*, 1er octobre 1852.

C'est surtout dans l'albuminurie puerpérale que la paralysie a été constatée, et que je l'ai constatée moi-même.

En 1843, sans avoir connaissance des rapports de l'albuminurie avec l'éclampsie, Robert Johns a publié des observations fort intéressantes sur les convulsions puerpérales au nombre de 21. J'extrais les deux observations suivantes (1 et 17) :

1° N..., 26 ans, primipare, prise d'éclampsie, après être accouchée. Il paraît que dans les derniers mois de sa grossesse, elle avait beaucoup souffert de maux de tête, avec obscurcissement de la vue, et *paralysie du bras droit*.

2° N..., 19 ans, entrée à l'hôpital, accusant céphalalgie violente et paralysie du bras droit avec grande douleur à l'épaule. Accouchée huit jours après, sans convulsions.

Robert Johns cite encore dans son Mémoire une autre observation à l'appui : « Une dame, âgée de quarante ans, est restée paralysée d'un côté à la suite d'une attaque d'apoplexie, et traîne ainsi sa misérable existence, ayant presque entièrement perdu l'intelligence. Par l'histoire des antécédents on voit qu'elle a eu du gonflement à la face et aux membres supérieurs dans sa première grossesse, ainsi que de la céphalalgie. Le médecin n'y fit pas attention, et quand le travail arriva, elle fut prise d'une violente attaque d'éclampsie. Depuis cette époque, jusqu'à l'apparition de l'hémiplégie, elle avait de temps à autre éprouvé des maux de tête qu'elle-même et ses amis considéraient comme la conséquence des convulsions puerpérales, attendu qu'elle n'en avait jamais souffert auparavant. »

C'est surtout M. Simpson qui a mis tous ces faits en évidence dans ses deux Mémoires déjà cités, publiés en 1847 et 1852. Il a réellement démontré que la lésion rénale donne lieu quelquefois à des troubles nerveux, notamment à des *paralysies locales*, des névralgies des extrémités, de la surdité (déjà indiquée par Bright), de l'*amaurose*, à une paraplégie ou une hémiplégie. « Les opinions du célèbre accoucheur anglais, dit M. Grisolle (*Traité de pathol.*), n'ont pas encore reçu la sanction des faits. » Je crois aujourd'hui que cette sanction est suffisamment établie.

Enfin, M. Fletwood Churchill, dans ses recherches sur la paralysie qui survient pendant la gestation et dans l'état puerpéral, a largement confirmé les travaux de M. Simpson, son devancier, en analysant ce symptôme avec soin, et ses nombreuses observations à l'appui. Il établit que l'hémiplégie, la paraplégie, ou la paralysie partielle peuvent se montrer avant, pendant ou quelque temps après l'accouchement, précédée ou non de convulsions, les terminant ou les accompagnant. Sur 34 cas de paralysie empruntés à divers auteurs, il note 17 cas d'hémiplégie complète, 1 d'hémiplégie partielle, 4 de paraplégie dont 2 avec paralysie d'une seule jambe, 6 de paralysie faciale, 3 d'amaurose, et 3 de surdité. Parmi les causes temporaires de ces paralysies il inscrit au premier rang l'albuminurie. « Aucun doute ne peut exister aujourd'hui, dit M. Churchill, en ce qui touche la présence de l'albuminurie dans les cas de convulsions puerpérales, bien qu'on puisse rencontrer parfois des convulsions sans urines albumineuses, et de l'albuminurie sans convulsions. Or, comme dans quelques cas la paralysie s'est montrée en même temps que les convulsions, on pouvait assez naturellement s'attendre à trouver de l'albumine dans l'urine de ces malades, et c'est effectivement ce qui a été constaté. Mais l'albuminurie a été aussi constatée dans les cas même de paralysie, non précédés de convulsions. Dans aucun des cas qui lui appartiennent, M. Lever n'a vu l'albumine faire défaut dans l'urine, ce qui est confirmé par la grande expérience de M. Simpson et une observation de M. Duke. Ainsi, nous trouvons que l'albuminurie peut être un symptôme très-marqué dans les convulsions puerpérales, qu'elles aboutissent ou non à la paralysie, et dans la paralysie des femmes enceintes ou des femmes en couches; que la paralysie soit partielle ou complète, locale ou générale ; et lorsqu'en outre, nous trouvons, comme l'établit M. Lever, que, à mesure que l'albumine diminue, la paralysie tend à disparaître, il est difficile de ne pas admettre quelque relation importante entre ces deux phénomènes. »

Dans un Mémoire sur la paraplégie indépendante de la myélite (1), M. Abeille a cité aussi une observation de paraplégie consécutive à une attaque d'éclampsie, suivie d'anasarque. Voici maintenant quelques observations qui viennent justifier tous ces faits :

OBS. V. — Une dame que je devais accoucher m'envoie chercher quelques semaines avant l'époque de sa délivrance, et me raconte que sa vue s'est tellement affaiblie, qu'elle ne peut plus distinguer les arbres placés devant ses fenêtres. Il n'existait que ce seul symptôme ; mais cet

---

(1) *Moniteur des Hôpitaux*, 1854, n°s 7 à 10.

état amaurotique m'engage à examiner les urines que je trouve excessivement albumineuses. Pendant les quelques semaines qui suivent, l'amaurose augmente, et il survient en outre, peu à peu, des symptômes d'hémiplégie. Elle accouche bientôt un peu avant terme, mais sans convulsions, quoique je redoutasse cet accident. L'enfant survit. Après la délivrance, la malade voit disparaître en grande partie les symptômes cérébraux, mais elle conserve encore un léger degré d'hémiplégie. (SIMPSON. — *Contributions*.)

OBS. VI. — Marguerite Hazard, âgée de vingt-huit ans, entrée à l'Hôtel-Dieu de Clermont-Ferrand, le 31 octobre 1853.

Le dernier jour du mois d'avril dernier, M. H. avait ses règles, et lavait du linge à la rivière ; elle reçut la pluie toute la journée sur le dos, et fut même obligée d'entrer dans l'eau jusqu'aux genoux, pour rattraper du linge emporté par le courant. Règles supprimées ce jour-là ; elles n'ont pas reparu depuis. Jusqu'à cette époque, M. H. s'était toujours bien portée.

Aussitôt après cet accident, fatigue, essoufflement en montant, céphalalgie, enflure des pieds, urines sanguinolentes ; elle était obligée d'uriner à tout moment, *ça lui brûlait*.

C'est dans cet état initial de maladie qu'elle se marie, quinze jours après la suppression de ses règles, le 15 mai. Elle devient immédiatement enceinte après son mariage ; mais son état ne fait qu'empirer ; elle est enflée de tout le corps depuis le commencement de juillet, et n'a pas quitté le lit depuis ce temps. Elle a eu le dévoiement pendant deux mois. Pendant quinze jours elle est restée comme *aveugle*, mais elle ne peut pas préciser l'époque ; ses urines ont cessé d'être sanguinolentes depuis deux mois. Elle a toujours eu de la céphalalgie, et prétend même que sa maladie a débuté par là.

A son entrée à l'hôpital, l'on constate les symptômes suivants : état avancé de maladie et grave dès le premier aspect ; face décolorée, un peu bouffie ; paupières supérieures légèrement infiltrées. Ascite considérable, ventre bien plus volumineux que ne le comporte l'époque de la grossesse. Cuisses assez fortement œdématiées, avec œdème dur ; jambes et pieds infiltrés, ne conservant pas l'impression digitale ; bourrelet œdémateux lombaire ; rien aux membres supérieurs : cependant, avant son entrée à l'hôpital, ils ont été très-enflés, ainsi que la figure. Palpitations fréquentes, impulsion forte, bruit de souffle prononcé au premier temps, se prolongeant un peu en haut, mais très-marqué à la pointe du cœur. Tous les matins, ses gencives saignent légèrement, et cela habituellement depuis qu'elle est malade ; rien aux gencives. Son mouchoir présente de petites taches d'un sang rose et pâle. Il existe un peu de diarrhée, apyrexie, grand état de faiblesse, ne se lève pas.

Jusqu'au 14 novembre, l'état de la malade empire : un peu de fièvre, diarrhée plus considérable, anxiété, nausées habituelles ; elle n'en avait auparavant que de temps à autres. Urines très-albumineuses.

Le 14, elle avorte dans la nuit de deux fœtus de six mois environ. Cet avortement n'améliore nullement l'état préexistant, pas d'hémorrhagie utérine notable dans les suites de couche. L'hémorrhagie buccale disparaît.

Le 20, l'état de la malade empire, visiblement. Depuis plusieurs jours, elle se plaint beaucoup de nausées.

Le 23, elle se plaint, en outre, de troubles dans la vue, de ne pas y voir clair. Ventre très-gros ; il n'a nullement diminué par le fait de l'avortement. Anasarque plus considérable, figure très-bouffie, langue rouge et sèche. La malade se plaint de *ne pouvoir lever les bras ; les épaules sont paralysées, dit-elle, depuis trois jours...*

Le 24, les nausées continuent ; elle vomit ses aliments. On voit qu'il existe un certain trouble cérébral, une espèce de subdelirium ; même état d'amblyopie, pupilles normales, polydipsie, langue rouge, complétement sèche et lisse, un peu d'enflure aux mains, apyrexie. — Traitée par le quinquina depuis son avortement.

Le 25, même état d'amaurose et de paralysie des épaules. Urines légèrement troubles, d'apparence huileuse, précipitant assez abondamment par la chaleur. Durant tout son séjour, elles ont présenté constamment les mêmes caractères physiques et chimiques.

Le 26, la malade remue les épaules ; mais l'amaurose persiste et les vomissements continuent ; n'a uriné que trois fois en vingt quatre heures.

Le 27, elle vomit tout ce qu'elle prend. Les mouvements des épaules sont difficiles et incomplets ; même bruit de souffle au cœur, comme avant l'avortement. (Potion, teinture de kina, seltz.)

Le 28, mouvements des épaules plus libres, ne vomit pas, il y a moins d'amaurose.

Le 30, il existe toujours des nausées et des vomissements ; elle peut à peine lever les épaules. Sensibilité de la peau de cette région très-obtuse, léger trouble de la vue, douleur vive à la partie supérieure du sternum.

Le 1er décembre, vomissements, douleurs inter-scapulaire et présternale ; elle peut lever entièrement les deux bras ; il existe cependant des douleurs dans tout le membre supérieur des deux côtés. Ces douleurs coexistent avec l'état paralytique des épaules depuis le commencement. Enflure notable de l'avant-bras et du dos de la main droite. Urines rares ; n'a uriné que deux fois en vingt-quatre heures.

Le 2, elle remue difficilement les épaules ; sensibilité obtuse de la peau dans cette région.

Le 3, mouvements des épaules plus faciles, douleurs dans les membres supérieurs, un peu de diarrhée, faim continuelle, grande anxiété, apyrexie.

Le 6, la paralysie des épaules a disparu, et la sensibilité de la peau de la même région est revenue, même état général, œdème considérable des parois abdominales et des jambes, troubles de la vue.

La malade a quitté l'hôpital le 7, ne voulant pas, dit-elle, y mourir ; morte quelques jours après, comme je l'ai appris depuis.

Obs. VII. — Femme Descombats, vingt-deux ans, admise dans mon service le 21 janvier 1854, se dit enceinte de quatre mois.

Elle s'est toujours bien portée jusqu'à son mariage ; mariée en mai 1853. Son mari, atteint de syphilis, l'infecte immédiatement : blennorragie, chancres, pustules plates. Traitée depuis deux mois par la liqueur de Van Swieten, qui fait disparaître les accidents.

Depuis un mois et demi, D... urine souvent, quatre ou cinq fois la nuit ; urines blanches avec écume persistante dans le vase.

Depuis quinze jours, fatigue, dyspepsie, étouffements épigastriques. Depuis huit jours, urines un peu rouges et rares, enflure des membres inférieurs avec trouble de la vue.

Depuis cinq jours, enflure du visage, et depuis hier, enflure des mains et des avant-bras, visage bouffi, œdème des paupières, anasarque générale avec œdème tendu, résistant, sans impression digitale, absence de lumbago.

22 janvier. Urines examinées pour la première fois, troubles, d'un blanc sale, excessivement albumineuses. Une seule goutte d'acide nitrique, tombant sur la surface du liquide, y forme une large pellicule blanche ; il coagule presque entièrement par la chaleur, apyrexie, pas de troubles dans la vue. (Julep additionné de cinq gouttes de teinture de Fowler.)

24. L'anasarque augmente, bouffissure considérable du visage qui est défiguré ; n'a pas uriné de vingt quatre heures.

25. Anorexie, nausées. Je ne puis constater l'expiration de l'ammoniaque, en approchant de la bouche un bâtonnet mouillé d'acide hydrochlorique.

27. L'enflure augmente encore, urines très-rares, céphalalgie, nausées, ne mange rien. On cesse le Fowler.

29. Même état ; se plaint beaucoup de son estomac ; elle a vomi ce matin ; elle a eu pendant la nuit une espèce de lipothymie ; pendant longtemps, elle ne parlait pas. (Julep avec dix gouttes de teinture de racine de bryone.)

30. Vomissement, souffrance épigastrique, urine trouble, salé, très-albumineuse. La malade est comme hébétée depuis plusieurs jours.

31. Même anasarque, troubles de la vue, urines rares, ne vomit pas, *sensibilité très-obtuse des mains*.

1er février. Va mieux, cependant elle vomit, figure moins bouffie, urines très-albumineuses ; garde toujours le lit depuis les premiers jours de son entrée.

2. Se plaint moins de l'estomac, enflure diminuée, moins de céphalalgie.

7. Plus fatiguée depuis deux jours, réaugmentation de l'œdème, respiration avec un peu de râle trachéal, céphalalgie, troubles de la vue, pas de nausées.

10 février. Amélioration.

11. A la suite d'une peur, D. est restée trois heures sans connaissance avec délire. Malaise et souffrances épigastriques. Elle *ne voit pas bien*

clair. Enflure revenue plus forte à la main droite. Depuis huit jours, *anesthésie incomplète des membres inférieurs ;* elle sent à peine, quand on les pince.

14. Diminution notable de l'œdème des membres inférieurs. Figure peu bouffie. Se plaint moins de l'estomac.

22. Depuis huit jours, amélioration graduelle. Anasarque beaucoup diminuée. Les souffrances de l'estomac disparaissent. Figure naturelle. Depuis cinq à six jours la malade se lève toute la journée; elle dit sentir battre son enfant depuis quinze jours. Potion de bryone continuée.

23. Les urines sont toujours très-albumineuses; elles ressemblent à du vin blanc très-clair. Les membres inférieurs sont encore notablement infiltrés dans toute leur étendue.

4 mars. La malade va de mieux en mieux, et circule dans les salles toute la journée. Figure naturelle. Il existe encore un peu d'enflure aux jambes. Les grandes lèvres enflent tous les soirs. Même état des urines. Continue sa potion de bryone.

7 mars. L'enflure des jambes a disparu, mais elle est remontée sous le cou, la nuit seulement, ce qui la gêne transitoirement. Elle voit maintenant bien clair, mais il y a cinq jours elle avait un peu de diplopie. Urines moins albumineuses.

20 mars. Il n'y a plus d'enflure nulle part. Depuis cinq jours, j'ai examiné deux fois ses urines; il n'y a plus d'albumine. La malade va très-bien et veut quitter l'hôpital. La potion de bryone est cessée depuis plusieurs jours.

23 mars. Les urines sont très-aqueuses et décolorées; absence d'albumine.

La femme Descombats est sortie vers la fin du mois. Je suis obligé de rectifier un fait faux que j'ai avancé dans l'observation de cette femme, publiée dans le tome XX des *Mémoires de l'Académie impériale*, à savoir qu'elle était accouchée fort heureusement quelques mois plus tard. J'ai su positivement par un de mes élèves, qui habite le même pays que la femme Descombats, et qui l'avait vue dans mon service, qu'il n'y avait pas eu d'accouchement, par la simple raison qu'elle n'était point enceinte. Depuis sa sortie de l'hôpital, la femme Descombats s'est toujours bien portée.

L'observation suivante m'a été communiquée par l'un de mes anciens élèves, M. F. Planat, qui l'a recueillie à l'Hôtel-Dieu de Paris, dans le service de M. Rostan.

Obs. VIII. — Daniel Mélanie, âgée de 34 ans, de Séez (Orne). Entrée à l'Hôtel-Dieu, salle Saint-Antoine, n° 13, le 28 janvier 1855, couturière de profession, veuve depuis 10 ans, mère de deux enfants.

Il y a dix-huit mois que Mélanie Daniel a ressenti les premiers symptômes de sa maladie, qui débuta par une hémiplégie du côté droit, survenue pendant une somnolence qui dura dix minutes. Perte complète du mouvement pendant sept semaines; la sensibilité toutefois étant conservée. La mobilité a reparu d'abord dans le membre inférieur, avec une grande lenteur et incomplétement. Le bras est resté toujours paralysé, avec crampes continues, se faisant sentir du coude à l'épaule et sur le côté correspondant du cou. Dans les premiers temps, paralysie du rectum, dégénérée en paresse de l'organe encore persistante.

Il y a trois mois, à la suite d'un vif chagrin, recrudescence des symptômes hémiplégiques avec céphalalgie. Elle fut alors saignée. Les mêmes accidents persistants, elle se décide à entrer à l'Hôtel-Dieu.

Etat actuel. Mouvements du membre pelvien assez étendus pour permettre la marche. Engourdissement de la hanche, du bras et de l'épaule droite. Roideur des extrémités digitales. Tiraillements dans tout le côté de la face et du cou. Pas de déviation de la bouche. Les membres ne sont pas atrophiés. Il n'y a eu ni amaurose ni surdité.

Etat général bon, appétit excellent, apyrexie, face naturelle. Elle n'a jamais eu d'enflure nulle part. Amélioration depuis trois mois seulement.

La malade remue parfaitement son bras; mais il lui est impossible de coudre ou d'écrire.

Dès son entrée à l'Hôtel-Dieu, on a constaté dans les urines de la malade une quantité notable d'albumine. Le 28 mars, Mélanie Daniel était encore à l'Hôtel-Dieu, dans le même état qu'à son entrée. — Cf. obs. XVIII.

Il existe donc une paralysie albuminurique; elle appartient aussi bien au mal de Bright puerpéral qu'aux autres formes de la même maladie. Elle offre les mêmes variations de marche, de durée et d'intensité que l'amaurose ou paralysie de la vue: elle prend quelquefois un caractère douloureux remarquable; parfois aussi elle peut être un symptôme prédominant, d'où il résulte que le mal de Bright peut se cacher sous cette forme unique; ce qui vient jeter un nouveau jour sur l'histoire déjà si difficile des paralysies.

Il était d'autant plus important d'insister sur ces faits qu'ils sont encore peu connus. Ils ont été en particulier complétement passés sous silence dans un long Mémoire de M. Parmentier, sur la paralysie du mouvement des membres supérieurs, publié l'an passé dans le *Moniteur des Hôpitaux.*

§ III. *Contractures.*

Il est un autre symptôme que j'ai eu occasion de rencontrer plusieurs fois chez des albuminuriques; ce sont des contractures. Ce symptôme me paraît avoir passé inaperçu des nombreux auteurs qui ont traité de la maladie de Bright; il est pourtant très-remarquable, ayant les plus grands rapports avec ce qu'on a appelé contractures idiopathiques, contractures des extrémités et dont on a fait une espèce morbide. (Voir à ce sujet les travaux de Dance, Tonnellé, de la Berge, J.-P. Tessier, Imbert-Gourbeyre (1), Delpech, etc.). J'ai constaté ce symptôme plusieurs fois chez des albuminuriques, mais très-passagèrement et d'après leur rapport seulement ; mais je l'ai vu et observé de la manière la plus frappante chez la femme Ducroix, dont je cite l'observation plus bas. Il se rencontre aussi dans les hydropisies sans albuminurie, et je donnerai plus tard à ce sujet une fort belle observation.

M. Delpech affirme dans son Mémoire (2) que l'état puerpéral est une prédisposition aux contractures des extrémités, et relate dix-huit observations à l'appui de sa thèse. Les urines n'ont été examinées qu'une seule fois (obs. 5). Elles étaient albumineuses. Si l'examen des urines eût été fait dans tous les cas, nul doute que l'albuminurie n'eût été la plupart du temps constatée, et l'auteur de ce travail remarquable aurait pu dès lors rattacher presque tous ces faits au grand fait de la maladie de Bright, seule explication aujourd'hui possible dans l'état actuel de la science pour la très-grande majorité des contractures puerpérales. Dans les observations citées par M. Delpech, on trouve de nombreux cas de paralysie des membres. Ils concordent parfaitement avec l'observation si frappante de la femme Hazard, citée plus haut (obs. VI). Il est permis d'en conclure que M. Delpech a eu tort de les décorer du nom de paralysies nerveuses essentielles, puisqu'ils se rattachent naturellement à la maladie de Bright.

Il n'en est pas de même de ce que M. Trousseau a décrit sous le nom de *contracture des nourrices* (3) : ce sont là plutôt de véritables contractures idiopathiques. J'espère, du reste, revenir sur cette espèce morbide intéressante, dans un Mémoire que je me propose de publier incessamment.

---

(1) Voir ma thèse sur les *contractures des extrémités*, 7 février 1844.

(2) Mémoire sur les spasmes musculaires idiopathiques et sur la paralysie nerveuse essentielle. Paris, 1846.

(3) *Gazette des Hôpitaux*, 1854. Il est fâcheux que MM. Trousseau et Lasègue, qui ont cité dans ce journal des observations de contractures des extrémités, n'aient pas noté l'état des urines ; car, en lisant quelques-unes de ces observations, on voit indiqués çà et là quelques symptômes franchement albuminuriques, qui permettent de soupçonner que ces contractures n'étaient peut-être que symptomatiques du mal de Bright, forme latente.

Obs. IX. — Jeanne Ducroix, trente-trois ans, entrée à l'Hôtel-Dieu de Clermont-Ferrand, le 15 décembre 1853.

Antécédents. Accouchée le 1er octobre 1852 dans la prison de Thiers, où elle avait été incarcérée quinze jours avant; primipare.

Malade durant toute sa grossesse; du troisième au septième mois, attaques fréquentes, trois ou quatre fois par semaine, céphalalgie habituelle avec nausées et vomissements. Trois jours avant d'accoucher, attaque durant quatre heures; et les six derniers jours, épistaxis considérable. Le dernier mois, enflure des jambes, qui a persisté quinze jours après l'accouchement. Restée trois jours en mal d'enfant.

Condamnée le 27 septembre 1852 à un an de prison. Restée à Thiers jusqu'au 18 juillet suivant, pour être dirigée sur Limoges. Pendant son séjour à Thiers, elle a toujours été malade : érysipèle à la face, douleurs de reins, pleurodynie, diarrhée fréquente, nausées et vomissements, céphalalgie habituelle, bourdonnements, vertiges, douleurs multiples vagues qui ne l'ont pas quittée. D. buvait et urinait beaucoup. Une fois par mois, contractures portant sur les deux mains, la droite surtout. Elle en a gardé une pendant huit jours à la main droite, avec les doigts écartés. Les règles sont revenues sept mois après l'accouchement, et n'ont reparu que trois fois depuis mai.

Le 16 juillet, D. quitte Thiers, avec douleurs dans les reins et jambe droite enflée, ce qui l'oblige à s'arrêter pendant dix jours dans une prison intermédiaire.

Arrivée à Limoges le 23 août, après vingt-deux jours de séjour à la prison d'Aubusson, elle a pu travailler les premiers jours de son arrivée à sa destination, mais elle est bientôt obligée d'entrer à l'infirmerie avec mal aux reins et aux côtés, et les deux pieds enflés; en est sortie le 1er octobre pour y rentrer encore avec les mêmes accidents, moins l'enflure des extrémités.

Sortie le 28 novembre de la prison de Limoges, et restée quinze jours en route bien souffrante. Entrée à l'hôpital de Clermont-Ferrand le 15 décembre où je la vois pour la première fois. Elle est affectée d'une diarrhée dysentérique qui cède promptement à l'ipéca. Elle avait un peu d'enflure aux pieds les premiers jours de son entrée. Ce n'est qu'au bout de dix jours que je constate ce fait et que j'examine les urines par acide et chaleur. Elles ressemblent à de l'eau fortement colorée avec du sirop de groseille; trouble assez notable par acide; décolorées par la chaleur, elles deviennent d'un blanc sale, et l'on y voit se former de petits coagulum en grumeaux bruns constituant le huitième du liquide. Jusqu'à sa sortie examinées souvent, elles ont constamment présenté les mêmes caractères.

Ayant constaté l'albuminurie, j'examine attentivement la malade : douleurs dans les reins, les côtés et la jambe droite; céphalalgie frontale et bourdonnement; face légèrement bouffie, un peu décolorée; vue se troublant facilement avec diplopie; nausées avec vomissements habituels de liquide aqueux; elle n'offre d'enflure nulle part ailleurs qu'à la face.

Elle raconte que, depuis sa couche, ses urines ont toujours été rouges; à Thiers, elle urinait jusqu'à dix fois par nuit; ici, trois ou quatre fois.

5 janvier. — Le matin, contracture du bras et de la jambe droite pendant une heure. La malade croit avoir eu souvent les mêmes contractures depuis huit jours, et que les *roideurs* qu'elle avait autrefois, reviennent (teinture de Fowler, cinq gouttes dans une potion).

24 janvier. — Presque toujours alitée; a vomi beaucoup de sang et de matières aqueuses; un demi-verre de sang environ mêlé à un litre de liquide.

29. Continue à vomir du sang; grande souffrance à l'estomac.

30. Attaque de contractures de trois à cinq heures du matin; les doigts étaient écartés et roides; mêmes vomissements.

31. Attaque de contractures au moment de la visite, contractures des deux membres supérieurs et inférieurs du côté droit. Bras excessivement roide, immobile dans tous ses articles, droit comme un bâton, et écarté du tronc sous un angle de 35° C.; les doigts sont fléchis, rapprochés les uns des autres; le pouce est logé sous l'arcade des doigts; poing entièrement fermé, tendons des poignets saillants, muscles du membre durs, même contracture au membre inférieur. L'attaque dure depuis près de trois heures. La malade a toute son intelligence; elle se plaint beaucoup de l'estomac et du côté droit. Même hématémèse. Ces contractures sont très-douloureuses. Céphalalgie, vue trouble, constipation. Dans la journée, je suis témoin d'un redoublement d'attaque; le cou est roide; quand elle souffre beaucoup, elle perd par moment l'intelligence, (potion belladonée).

Du 1er février au 24, D.. a eu tous les jours, deux, trois et quatre attaques de contractures, presque toujours du côté droit, durant une ou plusieurs heures; même hématémèse et souffrances épigastriques et pleurodyniques, même trouble de la vue. Elle ne peut prendre aucune nourriture et vomit tout. Il y a toujours un peu de bouffissure à la face, et absence d'œdème dans les autres parties du corps. Trois ou quatre fois, elle a eu des convulsions cloniques alternant avec les contractures Sortie quelques temps après de l'hôpital, sans amélioration notable.

§ IV. — *Douleurs.*

En dehors des douleurs lombaires, dont je ne parlerai pas ici, il existe dans le mal de Bright des douleurs sur d'autres points du tronc et sur les membres. Ces douleurs avaient frappé Christison; Rees les dit fréquentes; Frerichs les appelle pseudo-rhumatiques. Je les ai constatées au moins dans la moitié des cas de mes observations personnelles. De toutes les douleurs, c'est la pleurodynie qui paraît être la plus fréquente, surtout la droite. Il est remarquable de voir que Blackall, le précurseur de Bright, cite souvent ce symptôme pleurodynique dans ses observations d'hydropisies avec urines coagulables. (Chap. VI, sect. I, obs. 2; — sect. II, obs. 1, 2 + 1, 3, 5; — sect. IV, obs. 4, 5, 8. — Chap. VII, obs. 3, 4. — Chap. IX, obs. 3.)

La pleurodynie doit être acquise à l'histoire du mal de Bright, ainsi que les douleurs existant sur les membres. Frerichs et Rees expliquent ces douleurs par l'altération du sang. Il est à remarquer qu'il existe trois maladies distinctes où le sang est évidemment altéré : la chlorose, le mal de Bright et la diathèse purulente ; or, dans ces trois espèces morbides, il existe des douleurs locales très-notables. On les rencontre aussi dans l'albuminurie puerpérale.

§ V. — *Céphalalgie.*

M. Rayer passe complétement sous silence ce symptôme important dans sa description générale : toutefois il le relate dans les observations 6, 10, 20, 40, 48, 63 et 68, et dans les observations 10 et 48, la céphalalgie a été si intense, qu'elle a nécessité un traitement direct.

Osborne cite une observation semblable à ces deux dernières. *Idem*, Valleix (*Revue clinique*, 1852).

Bright, Malmsten, Frerichs, Johnson font une mention particulière de ce symptôme. Malmsten, dans ses vingt-deux observations, le relate quinze fois, et soixante fois sur soixante-neuf dans son tableau statistique. *Idem*, Martin Solon, obs. 4, 7, 13, 17.

Robert Johns, dans son Mémoire sur les convulsions puerpérales, le cite dix-neuf fois sur vingt et une ; sur soixante-cinq observations, je l'ai constaté vingt et une fois.

La céphalalgie est donc un système albuminurique notable ; lourde et gravative, quelquefois aiguë et très-violente. Elle se rencontre aussi dans l'albuminurie puerpérale. (Obs. III, VI, IX, X, XIII, XV.)

§ VI. — *Somnolence.*

J'ai été frappé plusieurs fois de l'état de somnolence chez quelques albuminuriques. Johnson le note dans plusieurs observations et le mentionne dans sa description générale de la forme chronique (néphrite desquamative chronique). Voici une observation toute récente où ce phénomène cérébral a prédominé d'une manière remarquable :

OBS. X. — Femme Roux, demeurant à Clermont-Ferrand, rue du Port, 41, âgée de quarante-trois ans, entrée à l'Hôtel-Dieu le 11 février 1856.

Je connais depuis long-temps cette malheureuse femme : elle demeure dans mon quartier, et a toujours vécu jusqu'à présent dans une profonde misère.

Elle est accouchée depuis trois mois d'un douzième enfant qui se porte bien et a survécu à sa pauvre mère. L'accouchement a été des plus heureux ; il s'est fait presque sans douleurs. Elle n'a éprouvé aucun accident pendant sa grossesse ; cependant elle disait qu'elle ne se portait pas aussi bien que dans ses grossesses précédentes. Elle est restée quinze jours au lit après son accouchement et a perdu beaucoup. Les quinze jours suivants, elle est allée habituellement laver au ruisseau ; elle se plaignait déjà d'une grande fatigue, puis elle a été prise de fièvre et de bourdonnements. Elle ne donne sur les symptômes qu'elle a éprouvés avant son admission à l'hôpital, que des renseignements très-vagues et très-incomplets.

Examinée à son entrée, elle présente les symptômes suivants : fièvre habituelle, bouche empestée, parfois nausées, langue un peu sèche et rouge avec un léger enduit blanchâtre au milieu. Elle n'éprouve pas de douleurs au ventre. Constipation depuis dix jours ; n'a pas eu de dévoiement. Absence de douleurs lombaires et d'amaurose.

Elle urine moins souvent qu'à l'état de santé. Urines d'apparence huileuse, ressemblant à de la bière brune ; traitées par acide et chaleur, elles sont albumineuses, au dixième environ.

Elle tousse habituellement depuis qu'elle est malade. Il existe du râle muqueux dans toute l'étendue de la poitrine ; on l'entend même en avant et au bas de la poitrine ; il est mêlé de râle sibilant. Un peu d'oppression qui se voit très-bien, en la regardant respirer.

Figure pâle, légèrement bouffie. Les chairs des membres sont flasques ; en arrière des mollets et des cuisses, il existe une espèce d'empâtement, comme s'il y avait un commencement d'œdème.

Depuis qu'elle est malade, elle éprouve une céphalalgie frontale habituelle, avec un peu de surdité ; elle répond lentement et avec une espèce d'embarras, quoiqu'elle ait toute son intelligence. Les infirmières prétendent que depuis son entrée elle dort toujours. Je l'ai trouvée complétement endormie à ma seconde visite ; les jours suivants, cet état de somnolence continue, sans autres variations ni accidents. Les urines ont été examinées tous les jours et ont présenté les mêmes caractères.

Elle ne veut pas, dit-elle, mourir à l'hôpital et se fait transporter chez elle le 17. J'ai appris par une femme qui l'a servie jusqu'à ses derniers moments, que le 18 et le 19 elle avait presque continuellement été assoupie. En même temps il est survenu de l'anasarque ; ses deux mains ont été très-enflées.

Le 21, elle a accusé une plus grande fatigue ; morte à cinq heures du soir, après avoir conservé son intelligence et parlé jusqu'à la fin. Elle est morte, pour ainsi dire, sans qu'on s'en soit aperçu.

Du reste, le symptôme de somnolence appartient à la tradition. Boërrhave, en décrivant l'hydropisie (*Aphor.*, 1230) semble l'indiquer sous le nom de *torpor*. — « Malus somnus, dit Gruner dans sa séméiotique, præsertim ubi corpora exsoleta et in corruptionem prona, senes et pituitosos urget, et lethargum præsignificat. » — Et ailleurs : « Cacochymia pituitosa cognoscitur corporis habitu albidiori, tumidulo, ... somno profundo... »

§ VII. — *De l'urémie, ou intoxication urémique.*

Je termine la description des accidents cérébraux albuminuriques par celle de l'urémie, telle qu'elle est exposée dans l'ouvrage de Frerichs : c'est le complément et le résumé de l'histoire cérébro-spinale du mal de Bright.

C'est, si je ne me trompe, Christison qui le premier a voulu expliquer la maladie de Bright par la *rétention de l'urée* dans le sang. De là on a fait urémie ουρέω et αἷμα. Ce sont les médecins allemands qui ont inventé le nom : il a fait fortune.

Frerichs a voulu tout expliquer par l'urémie. Il y a pour lui, dans le mal de Bright, une amaurose urémique, un vomissement urémique, etc.

L'urémie a fait sa première apparition dans la presse française par la remarquable analyse de l'ouvrage de Frerichs, due à M. Lasègue (*Archives générales de médecine*, 1853), et par la traduction du Mémoire de M. Schottin dans la *Gazette hebdomadaire* (1854, n°s 3 et 4).

On constate très-fréquemment, dit Frerichs, dans la maladie de Bright, une série de symptômes dont le point de départ est l'altération du sang par la rétention, dans ce liquide, des parties excrémentitielles de l'urine.

Ces symptômes appartiennent surtout aux lésions du système nerveux. Il existe une forme chronique et une forme aiguë de l'urémie.

1° *Forme chronique de l'urémie.* — Elle se développe peu à peu, d'une manière latente, et est presque toujours mortelle. Déjà, au début du mal de Bright, on constate de l'hébétude dans la figure et de la paresse dans l'intelligence. Les malades se plaignent d'un mal de tête sourd ; leurs yeux sont mats et sans expression, les traits abattus; ils deviennent oublieux, indifférents, lents et paresseux dans leurs mouvements. Ces accidents diminuent avec une sécrétion plus abondante d'urines ; ils peuvent disparaître pour un temps plus ou moins long.

D'autres fois, ils augmentent incessamment, et les malades arrivent au délire : ils passent de la somnolence au coma, puis à la léthargie, avec stertor et râle de la mort. Le délire est ordinairement tranquille ; quelquefois il s'accompagne de marmottements. A l'approche de la mort, il survient des convulsions avec céphalalgie, convulsions de la face et convulsions cloniques qui envahissent tous les muscles volontaires.

Cette forme chronique, insidieuse de l'urémie, est la plus fréquente dans le mal de Bright.

2° *Forme aiguë de l'urémie.* — Elle survient rapidement et sans prodromes, et arrive vite à la plus haute intensité. Tantôt il y a dépression des fonctions cérébrales, tantôt irritation de la moëlle épinière, d'autres fois un mélange de ces deux degrés.

Dans le premier cas, après de courts prodromes consistant en céphalalgie, vertiges, nausées et vomissements ou délire monotone, les malades tombent dans un coma profond, d'où l'on ne peut les tirer. Le visage est ordinairement pâle, la pupille normale, insensible, ou peu sensible à la lumière ; d'autres fois, rougeurs circonscrites à la figure, conjonctives injectées, pupilles rétrécies ; pouls tranquille, de 60 à 90 ; respiration stertoreuse.

Dans le second degré (irritation spinale), il survient des convulsions semblables à celle de l'éclampsie et de l'épilepsie. Elles attaquent tout le système musculaire, relâchent de temps à autre pour redoubler ensuite d'intensité ; quelquefois l'intelligence est intacte. Ces convulsions se terminent souvent par le coma et le stertor ; on les rencontre plus d'une fois dans le mal de Bright consécutif au typhus et à la scarlatine.

Le diagnostic de l'urémie aiguë n'est pas toujours facile : on peut la confondre avec l'apoplexie sanguine et séreuse, l'hystérie, les convulsions, l'empoisonnement par les narcotiques, la fièvre typhoïde, etc.— De pareilles erreurs sont pardonnables, parce que beaucoup de malades sont porteurs de lésions rénales avancées, sans qu'on sans doute, et vaquent même à leurs affaires, lorsque tout à coup éclatent les accidents de l'urémie.

Ici Frerichs cite quelques observations à l'appui, et rapporte le Mémoire de John Moore sur des cas de maladies de Bright simulant l'empoisonnement par l'opium. Ces faits sont incontestables. Ces affections comateuses du mal de Bright ont été bien étudiées par les médecins anglais, et constituent un forme particulière d'une importance majeure, qui est appelée en même temps à jeter beaucoup de jour sur l'obscurité des maladies cérébrales. C'est ce que l'on a commencé à étudier en France sous le nom d'*encéphalopathie albuminurique* (Rilliet, Cahen).

Telle est l'est l'exposition symptomatologique de l'urémie. Il ne m'appartient pas de discuter ici la théorie de l'intoxication urémique, théorie assez ingénieuse, appuyée de quelques faits et de quelques expériences physiologiques. Toutefois, j'estime qu'on ne peut pas plus expliquer le mal de Bright par l'urémie que par la désalbumination du sang, pas plus qu'on ne peut expliquer la chlorose par la *déferruginisation* du sang. parce que, derrière ces altérations des liquides, il reste toujours ce quelque chose d'inconnu qui constitue l'essence de la maladie, et qui ne se révèle que par des symptômes et par des lésions, et qu'il n'est pas possible d'expliquer tout un ensemble morbide par une petite face, ou un côté de son expression symptomatologique.

Je tenais à exposer l'histoire de l'urémie, parce qu'elle n'est autre chose que la description des accidents cérébro-spinaux du mal de Bright, accidents très-complexes et très-dignes d'être étudiés dans cette maladie protéiforme. Je ne connais pas d'espèce morbide, où ces accidents soient aussi fréquents et en aussi grand nombre : céphalalgie, amaurose, névralgies, convulsions épileptiformes, même hystériques ; convulsions de toutes les formes, contractures, paralysies à tous les degrés, délire avec tous les symptômes cérébraux de somnolence, coma, léthargie, carus, stertor, etc., tout s'y trouve. Tous ces symptômes peuvent être isolés ou prédominants, chacun pour leur compte, ou bien être confondus ensemble, ou bien encore succéder les uns aux autres, et quand on parcourt toutes les observations publiées à ce sujet, on ne peut s'empêcher de reconnaître, à travers ces combinaisons si variées, qu'ils sont l'expression d'une même unité pathologique, la maladie de Bright.

Il est inutile d'ajouter que ces accidents cérébraux ou urémiques se trouvent également dans l'albuminurie puerpérale ; de plus, l'histoire de l'éclampsie est là tout entière pour l'affirmer. Frerichs classe dans l'urémie aiguë les *diverses formes* de l'éclampsie puerpérale.

Vu la fréquence des accidents cérébraux dans l'albuminurie, il est difficile d'accorder au traitement par les bains chauds une influence étiologique quelconque, comme l'a fait M. Marchal de Calvi (1). Dans les faits peu nombreux du reste invoqués par lui, il ne faut réellement voir qu'une simple coïncidence.

Obs. XI. — *Nourriture insuffisante, par suite faiblesse croissante et anasarque légère; céphalalgie violente, convulsions et perte de connaissance. — Urines rares, albumineuses, avec épithéliums cylindriques. — Guérison.*

Anne Furze, âgée de 54 ans, entre en traitement le 6 décembre 1849. Je la trouve dans un état de demi-stupeur, et j'apprends qu'elle a eu des convulsions pendant la nuit. Les yeux sont égarés et furieux; langue brune et sèche. D'après les renseignements fournis postérieurement, elle a vécu dans la misère depuis 6 à 7 mois, son mari n'ayant pas d'ouvrage. Sa faiblesse augmentait chaque jour; insomnies habituelles, avec rêves effrayants et visions de spectres. Quatorze jours avant, aggravation de son état, vomissements, violente céphalalgie, apparition d'anasarque légère, douleurs lombaires avec urines très-rares.

Application de six sangsues aux lombes, 15 centigrammes de calomel toutes les quatre heures; dans la soirée la malade rend un peu d'urine qui renferme un précipité abondant d'acide urique, de nombreux épithéliums cylindriques, et des épithéliums déchiquetés. Le liquide se coagule presque en entier par la chaleur.

7 décembre. — Même état; les convulsions ne sont point revenues, mais les vomissements sont toujours fréquents; même perte de connaissance incomplète. A raison de l'état des urines, je prescris des ventouses lombaires, de manière à tirer huit onces de sang, et deux pilules de coloquinte et de calomel.

8. — Amélioration. La malade dit avoir été fort soulagée par les ventouses, à la suite desquelles elle a bientôt repris sa connaissance entière. Elle a un peu dormi pendant la nuit; cependant son sommeil a été troublé par des rêves anxieux. Selles régulières; urines plus abondantes avec moins de dépôt. Elle a encore un peu vomi; langue moins sèche et plus nette. Potion avec sulfate et carbonate de magnésie, et eau de menthe poivrée.

Depuis ce moment, la convalescence marche régulièrement; l'urine devient plus abondante, et les symptômes cérébraux disparaissent.

3 janvier 1850. — La malade prend tous les jours 5 centigrammes de sulfate de fer et de quinine. Poids spécifique de l'urine, 1,010; elle est pâle, abondante, contenant quelques petits cylindres, dans lesquels sont enchevêtrées des cellules épithéliales granulées et altérées; elle est encore très-albumineuse.

---

(1) *Mémoire sur les dangers des bains chauds, d'eau ou de vapeur, dans l'anasarque albuminurique. Moniteur des hôpitaux*, 1855. nos 76, 77 et 84.

4 *février*. — Même état des urines; la malade est toujours faible et pâle; elle continue le fer uni à la quinine.

7 *mars*. — La quinine est supprimée, et le fer est porté à 10 centigr. administrés trois fois par jour dans une infusion de quassia amara.

Pendant le mois de mars, la malade devient plus forte et mieux portante à vue d'œil. Elle prend de la chair. Son visage reprend sa teinte naturelle. A la fin du mois, il n'y a plus de traces d'albumine dans les urines; absence de cylindres et d'épithéliums rénaux. Elle reste encore quelques semaines en traitement, et sa guérison devient complète. Je l'ai vue pour la dernière fois en avril 1851; elle s'est toujours bien portée depuis sa dernière maladie. La mine est excellente. J'examine les urines qui n'offrent aucune trace d'albumine ou de dépôt.

(*Johnson* Obs. 3.)

Obs. XII. — Fille Maréchal, de St-Julien (Saône-et-Loire), 24 ans, domestique à Clermont, forte, bien constituée, accouchée heureusement le 26 août 1855 d'un enfant du sexe féminin. Entrée à l'hôpital le 29 septembre.

Elle était venue la veille chez moi, pour me consulter, me disant que depuis ses couches, elle était continuellement malade, et qu'elle avait toujours du dévoiement. Je l'engageai à entrer à l'Hôtel-Dieu.

10 *octobre*. — Elle a été traitée jusqu'à ce jour par ipéca, puis diascordium, et le dévoiement n'a pas cessé; bouillons pour tout régime; elle se plaint continuellement d'une grande fatigue, et garde le lit. Paroxysmes fébriles, forts et irréguliers.

La sœur de la salle m'annonce qu'elle a eu du délire. Une voisine l'a vue se lever la nuit, pendant quelques minutes, sans savoir ce qu'elle faisait; hier encore dans l'après-midi, elle s'est levée, est allée dans le corridor, disant qu'elle voulait se marier.

Cet état cérébral m'étonne, et éveille mes soupçons sur l'existence du mal.

J'examine immédiatement les urines; elles sont d'apparence huileuse, enfumées, et l'acide nitrique y précipite l'albumine à gros flocons.

Je reviens dans l'après-midi pour l'interroger à loisir. Elle me dit ne pas avoir de fièvre en ce moment; ce qui est vrai. Ses réponses sont lentes, quoique précises. Elle paraît toutefois avoir la tête égarée; son regard n'est ni franc ni naturel, ce que j'avais remarqué depuis plusieurs jours.

Interrogée sur les antécédents, elle me raconte qu'elle s'est toujours bien portée tout le temps de sa grossesse, et qu'elle n'a eu ni enflure ni convulsions. Elle a commencé à travailler quinze jours après son accouchement; elle allait bien alors. A cette époque, elle s'est occupée de porter des meubles pour un déménagement; elle est allée plusieurs fois dans un seul jour au chemin de fer, chargée et marchant vite; là elle aurait pris chaud et froid. Prise de fièvre le lendemain, aggravation les jours suivants, forte courbature. C'est depuis la fièvre qu'est survenu le dévoiement. Elle n'a pas eu de douleurs locales, ni envies de vomir, ni vomissements. Absence de renseignements sur l'état antécédent de ses urines. En ce moment les paupières supérieures sont très-légèrement infiltrées. Il n'y a d'œdème en aucune autre partie du corps, et il n'en a pas existé auparavant.

Elle a le teint pâle d'une accouchée. Elle tousse habituellement depuis son entrée. Une de ses voisines assure que pendant cette semaine, et l'avant-dernière, il y a eu plusieurs fois un peu de sang mêlé à ses crachats ; absence d'épistaxis. A l'auscultation, petits râles sibilants çà et là dans toute la poitrine, développés surtout par la toux. Respiration faible, peu nette. Pas de râles muqueux.

La malade n'a pas eu d'amaurose notable. Elle n'a qu'un peu de brouillards dans la vue au moment de la fièvre.

14. Cet état de subdélirium a cédé comme par enchantement. Le diascordium a été continué jusqu'au 11. La fièvre a disparu, ainsi que le dévoiement. Les urines ont été encore albumineuses. La malade demande a manger. Elle est mise au quart.

Le 15, absence complète d'albumine dans les urines qui sont traitées par la chaleur et l'acide nitrique.

A partir de ce jour, les urines ont été examinées régulièrement et n'ont plus été trouvées albumineuses. Elles ont repris leur teinte et leur aspect normal.

La malade est sortie le 19 novembre, bien portante.

§ VIII. — *Hémorrhagies.*

Voilà encore un symptôme que l'on rencontre quelquefois dans le mal de Bright, et qui a été presque complétement inaperçu par les nombreux auteurs qui se sont occupés de cette maladie.

Je l'ai rencontré une fois sous la forme d'épistaxis, une fois comme hémorrhagie gingivale (Obs. IV), deux fois comme hématémèse (Obs. IX, XIII), et dans l'un des cas avec apoplexie pulmonaire, et plusieurs fois sous la forme d'ecchymoses tant internes qu'externes ; dans ce dernier cas, cette diathèse hémorrhagique prend quelquefois la forme de véritable purpura hemorrhagica.

M. Rayer rapporte deux faits à l'appui (Obs. 18 et 22).

M. le professeur Forget a publié récemment un Mémoire sur le scorbut aigu (1). Son observation VI est compliquée

---

(1) *Gazette médicale,* 1854.

d'albuminurie ; il y a d'abord purpura avec urine albumineuse, puis disparition du purpura, persistance de l'albuminurie et phthisie consécutive. J'ai vu un cas tout à fait semblable, moins la phthisie.

De tels faits n'avaient pas échappé à Blackall. Dans son ouvrage, il consacre tout un chapitre au scorbut de terre (*land-scorbut*). Il cite quatre observations à l'appui avec urines albumineuses (chap. VIII, obs. I, II, III, IV). Au chapitre IX, qui traite des hydropisies de poitrine avec urines coagulables, il cite encore une autre observation avec complication d'ecchymoses aux membres inférieurs.

Le rapport de la diathèse hémorrhagique, ou du scorbut avec les hydropisies se trouve inscrit dans la tradition ; témoin le fameux axiome de Sydenham : *Ubi scorbutus desinit, ibi incipit hydrops.*

Le mal de Bright n'est point le scorbut, et ce sont deux espèces morbides bien distinctes. D'un autre côté, les accidents hémorrhagiques du mal de Bright ne sont pas plus le scorbut, que les mêmes accidents qui peuvent se rencontrer dans la fièvre typhoïde. Toutefois, il serait important de déterminer dans quelle proportion de fréquence le mal de Bright se développe consécutivement au scorbut lui-même. Dans cette dernière maladie, les urines sont-elles habituellement franchement sanglantes, et deviennent-elles plus tard purement albumineuses, en dehors de l'exsudation sanguine qui peut avoir lieu par les reins comme par les autres organes? Ce sont là autant de questions qui laissent des desiderata. Depuis la guerre de Crimée, j'ai vu passer à notre hôpital plusieurs malheureux soldats renvoyés en convalescence pour scorbut, atteints encore de cachexie, d'enflure aux jambes avec vieilles taches ecchymotiques : je m'attendais sur le nombre à constater de l'albuminurie, je n'en ai point trouvé.

Dans l'albuminurie puerpérale, on rencontre aussi des hémorrhagies. Je les y ai constatées plus souvent que dans la forme commune du mal de Bright (VI, IX, XIII). M. Legroux a cité une observation d'éclampsie chez une primipare, avec œdème et ecchymoses à la figure (1).

On sait en outre que M. Blot a noté l'influence de l'albuminurie puerpérale sur les hémorrhagies utérines. Ces faits nouveaux concordent exactement avec ceux que j'ai cités.

---

(1) *Union médicale*, 23 juillet 1853.

La diathèse hémorrhagique, qui complique quelquefois le mal de Bright, paraît donc être en rapport avec l'albuminurie, ou la désalbumination du sang.

Obs. XIII. — Le 9 septembre 1853, on apporte à l'Hôtel-Dieu une jeune fille morte quelques heures auparavant; le bruit court qu'elle s'est empoisonnée; on fait l'autopsie.

Enceinte de six à sept mois; on trouve un fœtus mort. — Poumon droit, lobe inférieur avec congestion sanguine, intense et noirâtre, et trois ou quatre noyaux d'apoplexie pulmonaire.

Langue et œsophage recouverts d'une exsudation noirâtre s'enlevant avec facilité; estomac très-distendu, contenant plus d'un litre d'un liquide noirâtre comme de l'encre sale; pas de caillots.

Matières fécales de l'intestin grêle, hachées et vertes comme des épinards.

Deux ou trois petites ecchymoses sur le cœur; il contient de gros caillots noirâtres; cerveau sain; aucun épanchement dans les cavités de la tête, de la poitrine et du ventre; face jaunâtre, altérée; ecchymoses sous-conjonctivales aux deux yeux; petites taches ecchymotiques répandues çà et là sur tout le corps. Aucune trace d'œdème à la peau.

Présent à l'autopsie, j'emporte les reins chez moi pour en étudier la structure normale. Je fus très-étonné d'y rencontrer des traces évidentes du mal de Bright, avec dégénérescence jaunâtre de la substance corticale, granulations, etc.

Je vais aux renseignements, au domicile de la jeune fille, et j'apprends de personnes dignes de foi, que cette fille était venue à la ville depuis quelques mois, pour y cacher sa grossesse. Elle était atteinte d'un chagrin profond; pleurait habituellement, et se plaignait souvent d'une forte céphalalgie. Elle se plaignait aussi des reins. Aucun renseignement sur urines. Cinq ou six jours avant sa mort, prise de frisson, de fièvre et de toux. Oppression; pas d'expectoration. La figure s'altère. Délire quelques heures avant la mort, et en même temps plusieurs vomissements sanguins.

Cette observation me paraît devoir être rattachée au mal de Bright puerpéral, forme latente. Cette forme latente, *sans œdème*, n'est nullement rare dans le mal de Bright en général. On en connaît et j'en ai vu de nombreux exemples.

Ce fait est en outre une confirmation de ce que j'ai dit sur les phénomènes hémorrhagiques dans cette maladie. Le fait d'apoplexie pulmonaire a été cité aussi dans d'autres observations du mal de Bright consignées dans la science.

Obs. XIV. — *Accès subit de convulsion épileptiforme, avec frissons et douleurs dans les membres, suivi de purpura et d'anasarque. Urines albumineuses, renfermant du sang et des épithéliums cylindriques. — Guérison*

Ch. Fosc, 37 ans, cordonnier, vient me trouver le 19 juillet 1847 ; avant sa maladie actuelle, il s'est toujours bien porté ; il ne fait aucun excès, pas même de travail. Le 9 juillet, il s'était couché la veille bien portant, lorsqu'en s'habillant le matin, il est pris tout à coup d'une attaque qui paraît avoir été épileptiforme. Il éprouve des vertiges, de la faiblesse, des douleurs de tête violentes ; ses idées sont brouillées à un tel point, qu'il ne sait ce qu'il fait en travaillant ; cependant il n'a pas de nouvelles convulsions. Sa femme lui enlève son ouvrage, puis il se met à dormir trois ou quatre heures. Le reste de la journée, il lui est impossible de travailler, et il reste dans un état de somnolence qui dure même deux ou trois jours.

Il est pris de fréquents frissons, et de violentes douleurs lombaires. Le jour suivant, le 11, il sent des picotements aux jambes, et le 12, il y remarque de petits points rouges au-dessous du genou. La démangeaison y devient très-forte. Ils s'agrandissent, se confondent, et forment de larges taches irrégulières, d'un rouge clair, s'élevant un peu au-dessus de la peau. Le 14 et le 15, la phlegmasie de la peau atteint son summum d'intensité ; elle commence à diminuer le 16, par suite, dit le malade, d'une mixture de magnésie et de rhubarbe, qu'il avait pris le 11.

Je le vois pour la première fois le 19 ; l'éruption qui est déjà en décroissance, offre encore de larges taches irrégulières d'un rouge assez vif, et dépassant un peu la peau, siégeant principalement au côté externe du mollet, s'étendant jusqu'aux malléoles, et paraissant décroître par leur centre qui est moins élevé et plus pâle que leurs bords. Le purpura, c'est bien le nom qui convient le mieux à cette éruption. Le malade est de très-bonne constitution, teint naturel, gencives saines, langue nette, absence de céphalalgie, pouls faible sans fréquence. Comme je l'ai déjà dit, la conduite du malade est régulière, sa famille bien portante, son logement sain.

En ce moment, le malade n'offrait aucune trace d'hydropisie, mais comme j'avais plusieurs fois rencontré de l'albuminurie avec semblable éruption, je le priai de m'apporter de son urine pour le lendemain.

20 *juillet.* — L'urine était claire après son émission. Au bout de quelque temps de repos, elle présente un léger nuage qui renferme de nombreux épithéliums cylindriques avec des globules sanguins. Elle est fortement albumineuse.

21. Vers midi, sa femme s'aperçoit que son visage est un peu enflé, et le soir, en se mettant au lit, le malade constate lui-même que ses cuisses et ses jambes sont aussi œdématiées.

Les jours suivants, l'enflure augmente, et lorsque je le revois le 24, il y a hydropisie générale ; visage pâle et tuméfié, céphalalgie, respiration courte et trachéale, sentiment de tension dans la poitrine.

Aux jambes, il n'existe plus qu'une faible rougeur de la peau. D'après les dires du malade, l'enflure des jambes a commencé à se développer, lorsque la phlegmasie de la peau est entrée en décroissance. Poids spécifique de l'urine, 1,019. Même état physique et microscopique que ci-devant, avec cette exception qu'on trouve dans le liquide urinaire beaucoup de petits cylindres ciroïdes.

Je ne puis le décider à entrer à l'hôpital. Mixture de sulfate et de carbonate de magnésie, avec vin antimonié et poudre de jalap composée, deux grammes à prendre tous les soirs.

28. Le malade dit se trouver mieux ; il éprouve moins de douleurs dans les membres et à la tête. Le lumbago, qui était encore très-violent 8 jours après le début de sa maladie, a notablement diminué. Les jambes sont fortement œdématiées ; visage pâle et terne, langue nette, un peu sèche. L'éruption a complétement disparu ; les selles sont régulières. Émission de l'urine fréquente et en petite quantité ; poids spécifique, 1,017. Elle se coagule presque entièrement par la chaleur. Même sédiment, mêmes épithéliums cylindriques et mêmes globules sanguins qu'au dernier examen : les petits cylindres ciroïdes sont moins nombreux.

1er *août*. — Même état. Je le presse d'entrer à l'hôpital, parce que, d'après mon expérience, il n'y a pas de maladie qui ait besoin, plus que celle-là, de repos au lit et de chaleur convenable. Il refuse, et cesse tout traitement. Je l'avais perdu complétement de vue, lorsque, au mois de novembre de l'année suivante, je viens à le rencontrer, et je le prie de venir me voir et de m'apporter de son urine. Il me raconte que deux mois après ma dernière visite, il était allé beaucoup mieux. Il attribue ce changement à l'usage du thé *Ginster*, dont il buvait trois pintes par jour. Depuis ce moment, il s'était senti tout à fait bien. Il paraît bien portant. A l'examen des urines, poids spécifique de 1,010, absence de nuages et de dépôts ; pas la moindre trace d'albumine. (*Johnson*. Obs. 5.)

§ IX. — *Dureté du pouls.*

Dans le mal de Bright aigu, ce symptôme est notable. Je n'ai jamais rencontré de pouls aussi dur que dans certains cas d'albuminurie aiguë. Malmsten le relate dans quatre observations. Rees en parle aussi et le compare à un fil d'archal. Ce symptôme avait été aussi remarqué par Blackall : il le cite dans un grand nombre d'observations, et dans ses résumés, il l'apporte comme preuve du caractère inflammatoire des hydropisies avec urines coagulables. On peut, du reste, soutenir avec raison que le médecin anglais est, pour ainsi dire, le père de la néphrite albumineuse.

Cf. Martin Solon, Obs. 27.

§ X. *Accidents gastriques, nausées, vomissements.*

Ces symptômes sont fréquents et d'une grande valeur dans le mal de Bright. Ils ont été surtout signalés par Christison. Ils y figurent pour 1/6 d'après Rayer, 8/20 d'après Bright et

Barlow, 8/69 d'après Malmsten, 11/42 d'après Frerichs. Sur soixante-cinq cas, je les ai rencontrés notablement accusés au moins quinze fois.

Dans quelques cas de la néphrite desquamative aiguë, dit Johnson, il existe au début des vomissements fréquents; et dans la forme chronique, soif habituelle et anorexie, quelquefois, au contraire, boulimie. Le malade se plaint presque constamment de flatulence et de douleurs à l'estomac; souvent renvois, ou nausées, et vomissements surtout le matin au réveil.

Quelquefois ces accidents dominent toute la scène, et constituent une forme latente remarquable du mal de Bright, comme on l'a vu dans l'observation de la femme Quinty (obs. IV). Ils existent aussi incontestablement dans l'albuminurie puerpérale (obs. VI, IX, X.).

Ces symptômes sont fréquents, il est vrai, dans la grossesse normale; mais dans ce cas ils appartiennent principalement au premier trimestre de la grossesse; tandis que les nausées et vomissements de l'albuminurie puerpérale se rencontrent plutôt dans la seconde moitié du temps de la gestation.

Quant aux vomissements *graves* et *incoercibles* de la grossesse, étudiés surtout par M. Chomel et M. P. Dubois, je soupçonne fort que quelques-uns de ces cas doivent appartenir à une albuminurie latente (sans œdème). On sait qu'à propos de ces vomissements graves et altérant profondément l'économie, il a été question récemment de provoquer en pareil cas l'accouchement forcé. Je n'ai jamais rencontré de pareils cas; mais j'estime qu'on doit, en cette occasion, examiner les urines, et je me fonde pour cela sur la description même des symptômes concomitants. Les primipares y sont plus exposées que les autres femmes; or, la primiparité paraît être une cause prédisposante à l'albuminurie. Vomissements opiniâtres, soif vive, fétidité et acidité de l'haleine, hallucinations, douleurs névralgiques, troubles de la vision, état comateux terminal, telle est la description donnée par MM. Chomel et Dubois; or, cet ensemble de symptômes appartient essentiellement au mal de Bright. On sait, du reste, aujourd'hui qu'il existe une proportion notable de maladies de Bright sans hydropisie aucune, ou dans lesquelles l'hydropisie n'est, pour ainsi dire, que terminale (obs. IV); c'est là une forme latente remarquable. Il est possible, il est probable, je le répète, que ces vomissements graves et opiniâtres appartiennent, pour un certain nombre d'entre eux, à un mal de Bright latent. C'est à l'observation ultérieure à le vérifier.

§ XI. *De la présence de l'ammoniaque dans l'air expiré.*

C'est un phénomène pathologique d'importation allemande. J'analyse Frerichs à ce sujet. Un an après, le docteur Schottin a traité la même question dans son Mémoire sur l'urémie.

Depuis longtemps on avait remarqué que, par suite de la suppression des urines, l'air expiré et la sueur avaient une odeur urineuse (Boërhaave, Meckel, Zeviani). Christison parle d'une odeur fétide de la respiration, odeur urineuse. Hamernick a constaté la même chose dans le choléra typhoïde; nié par Frerichs.

D'après le professeur de Kiel, il est certain que, dans l'intoxication urémique, il y a dégagement considérable de carbonate d'ammoniaque, ce que l'on constate en approchant du courant d'air expiré un bâtonnet mouillé d'acide hydrochlorique. Il se forme alors des vapeurs blanches épaisses autour du bâton. D'après son observation (obs. XV), cette présence de l'ammoniaque ne serait pas continuelle dans le courant de la journée. Frerichs assure que l'on constate surtout ce symptôme dans le coma et les convulsions.

D'après Schottin, ce symptôme est sans valeur. Dans un grand nombre de maladies (fièvre typhoïde, fièvre purulente, angine, manie), et même chez des personnes saines, on peut constater l'expiration de l'air ammoniacal. Bien plus, sur seize albuminuriques (seize cas d'urémie), il ne l'a rencontré qu'une seule fois.

Pour mon compte, j'ai essayé nombre de fois, et entre autres sur les sujets des observations VII, IX, X, et je déclare n'avoir jamais réussi. Toutefois, j'ai rencontré beaucoup d'albuminuriques se plaignant d'avoir la *bouche empoisonnée*, et je suis tenté d'accorder à ce symptôme une valeur notable dans l'histoire de l'albuminurie (v. obs. IV, X, XVII), valeur que j'estime bien supérieure à celle de la présence du carbonate d'ammoniaque dans l'air expiré.

OBS. XV. — *Morbus Brightii gravidarum.* — *Eclampsia puerperalis.* — *Albumine et coagulums fibrineux dans l'urine.* — *Carbonate d'ammoniaque dans le sang et dans l'air expiré.* — *Mort de l'enfant par intoxication urémique.* — *Guérison de la mère.*

D. R..., âgée de 26 ans, primipare, entrée à l'hôpital dans la trente-septième semaine de sa grossesse, au commencement de juillet 1851 ; pâleur de la face, un peu d'œdème aux jambes depuis huit jours. Les urines, examinées à son entrée et quelques jours plus tard, ne sont point albumineuses.

Dans les derniers jours de juillet, vers l'époque présumée de l'accouchement, violentes douleurs dans le dos et l'abdomen, l'œdème des jambes a augmenté sans atteindre les cuisses. L'urine n'a pas été examinée dans ces trois dernières semaines.

Le 28 juillet au matin, douleurs utérines faibles, mais très douloureuses, céphalalgie, douleurs vives au toucher. Tout à coup, à onze heures, attaques d'éclampsie, qui se répètent toutes les heures jusqu'à cinq heures du soir. Dans les intervalles, perte incomplète de connaissance; à chaque contraction utérine, anxiété grande et douleurs vives, respiration stertoreuse pendant les accès, yeux fixes, pupilles contractées dans les premières attaques, médiocrement dilatées dans les suivantes. Les douleurs dilatent médiocrement l'orifice utérin; l'urine, extraite de la vessie au moyen de la sonde dès la première attaque, contient une grande quantité d'albumine et de coagulums fibrineux. Carbonate d'ammoniaque dans l'air, ce qu'il était facile de constater en approchant de la bouche un bâtonnet de verre mouillé d'acide hydrochlorique ; à chaque expiration, on voyait d'épaisses vapeurs blanches. Passé midi et demi, l'air expiré ne contenait plus de carbonate d'ammoniaque.

A sept heures et demie du soir, il y avait eu déjà onze attaques; application du forceps, extraction d'un enfant mort. A ce moment douzième accès, avec carbonate d'ammoniaque dans l'air expiré, phénomène qui ne s'est point renouvelé de toute la soirée, malgré maint examen.

Les convulsions continuent toute la nuit, avec perte de connaissance dans les intervalles.

Le lendemain matin, à dix heures, vingt-quatrième et dernier accès. A partir de ce moment, amélioration; la malade reprend connaissance, hébétude de la face, réponses lentes, urines rares.

Du 29 au 30, l'albumine diminue sensiblement; le sang obtenu par les sangsues, appliquées derrière les oreilles, contenait de l'ammoniaque.

Le 1er août, la céphalalgie diminue avec l'œdème, la peau s'humecte, urines moitié moins albumineuses qu'au moment de l'accouchement.

Le 2 août et suivants, rétablissement graduel.

(*Frerichs.*)

§ XII. — *Symptômes tirés de l'examen des urines.*

Ces symptômes se rapportent à l'émission fréquente des urines, leur quantité et densité, leur coloration et leur caractère albumineux. Je n'aborde que les points importants.

1° *Emission des urines.* — M. Rayer, dans un assez grand

nombre de cas de la forme chronique, a remarqué que le nombre des émissions de l'urine en vingt-quatre heures était supérieur à celui qu'on observe à l'état sain.

Ce symptôme apparaît dans la première période de la maladie, et souvent de très-bonne heure.

Malmsten affirme ne l'avoir jamais vu manquer dans la dernière période.

Christison dit qu'il a toujours rencontré ce symptôme, que souvent il apparaît seul longtemps avant tout autre, et que si le malade n'en parle point, il suffit de le mettre sur la voie pour en obtenir la confirmation.

Ce besoin fréquent d'uriner existe surtout la nuit. Les malades se plaignent quelquefois d'être obligés d'interrompre sept ou huit fois leur sommeil pour satisfaire ce besoin.

Si un malade, atteint d'anasarque, dit qu'il est réveillé souvent la nuit par le besoin d'uriner, on doit présumer qu'il est affecté du mal de Bright (Malmsten).

Un symptôme beaucoup plus constant que les douleurs lombaires, dit Johnson, en décrivant la forme chronique, c'est l'émission fréquente des urines tant le jour que la nuit. L'émission nocturne, plus fréquente, manque rarement, et existe souvent longtemps avant l'apparition de tout autre symptôme.

Dans mon opinion, ce symptôme ne manque pas d'une certaine importance, parce qu'existant souvent seul au début de la maladie, il peut donner l'éveil sur elle, attirer l'attention sur les urines, faire constater l'albuminurie, alors qu'elle n'est point accompagnée des autres symptômes caractéristiques. De même que l'amaurose, l'émission fréquente des urines jouit donc d'un caractère prodromique remarquable. J'ai vu récemment un cas de mal de Bright, forme chronique, débutant par emphysème pulmonaire, et émission fréquente d'urines claires : au bout de six mois seulement, apparition d'anasarque; il n'y avait eu encore aucun trouble dans la vue. J'ai constaté, du reste, cliniquement, nombre de fois ce symptôme. On le rencontre aussi dans l'albuminurie puerpérale (obs. VI); il faut noter qu'il appartient plus spécialement à la forme chronique, tandis que dans la forme franchement aiguë, il y a plutôt diminution ou rareté des urines.

2° *Quantité, densité et coloration des urines.* — Dans l'albuminurie puerpérale, la quantité, la densité et la coloration des urines offrent absolument les mêmes caractères et les mêmes variations que dans le mal de Bright ordinaire.

Rees a classé sous cinq chefs principaux les diverses colorations de l'urine dans l'albuminurie :

1° Urine claire, pâle, jaune-paille, comme à l'état sain ;
2° Urine claire, couleur de paille, plus pâle qu'à l'état sain ;
3° Urine trouble ;
4° Urine colorée comme du *porter* ;
5° Urine sanguinolente.

D'après Rees, ce sont les urines, n° 1 et n° 3, qui sont les plus albumineuses : je crois ceci très-exact. Ce sont les urines *se rapprochant le plus de la coloration normale, urines un peu troubles, et d'apparence huileuse*, qui m'ont presque toujours donné la plus grande quantité d'albumine.

3° *De la présence de l'albumine dans les urines.* — Je vais résumer aphoristiquement tout ce qu'on peut dire de plus exact sur l'albuminurie de Bright. En général, ces aphorismes sont l'expression de toutes les observations des auteurs et de mon observation personnelle.

1° L'albuminurie est ordinairement le premier symptôme du mal de Bright. Toutefois, ce n'est pas constant.

2° La quantité d'albumine est excessivement variable ; il est impossible de baser le pronostic sur ce seul élément.

3° L'albuminurie peut apparaître de temps en temps, de loin de loin, et être prodromique d'anasarque ;

4° Elle peut encore apparaître et disparaître à des intervalles plus ou moins longs (tous les huit, dix ou quinze jours, par exemple, comme je l'ai vu), et coïncider alors avec la période atrophique des lésions rénales (reins atrophiés) ;

5° Ces variations de l'albumine sont donc en rapport, d'après les faits, avec le commencement du mal de Bright, surtout quant il est consécutif à une autre maladie, comme les fièvres intermittentes, et en rapport aussi avec la période avancée de la maladie, alors que les reins passent à l'état atrophique ;

6° Il n'est pas rigoureusement exact de dire que l'albuminurie éphémère, passagère, ou critique, se distingue de l'*albuminurie de Bright*, en ce qu'elle n'est ni notable, ni constante comme cette dernière. Le caractère de quantité est nul, parce que, dans une foule de maladies de Bright, la quantité d'albumine peut être faible, et la maladie cependant très-grave. Quant au caractère de constance, qui a cependant une valeur réelle, on peut encore soutenir rigoureusement qu'il n'y a que la marche seule et le *concursus symptomatum*, qui puissent réellement éclairer le diagnostic. Il est des maladies de Bright, au début et surtout dans la période avancée, où l'albumine n'est, ni constante, ni en quantité notable;

7° Il est des anasarques *non albumineuses*, qui sont identiques pour la marche et les symptômes avec d'autres anasarques accompagnées d'albuminurie; pourquoi y a-t-il albuminurie dans ces dernières et non dans les premières? il y a là un problème jusqu'à présent insoluble, une condition pathologique qui nous échappe;

8° Il est des anasarques primitivement non albumineuses, qui, plus tard, sont accompagnées d'albuminurie; or, la première période de la maladie ressemble à la seconde, et il n'y a souvent de différence que dans la présence de l'albumine. A quoi cela tient-il? je n'en sais rien. Je dis seulement que, dans l'état actuel de la science, il est à peu près impossible de l'expliquer, à moins de se lancer dans de pures imaginations ou théories ingénieuses, qui ne sont que trop souvent mises en avant au détriment de l'observation exacte.

Je compléterai ces questions diverses en traitant plus bas dans ce travail des cas de *maladies de Bright sans albuminurie*.

OBS. XVI. — Femme Sapt, cinquante ans, malade depuis trois ans. Enflure depuis deux ans, plus considérable depuis l'hiver.

Entrée le 12 octobre 1853 à l'Hôtel-Dieu de Clermont-Ferrand. État cachectique. Toujours alitée; figure pâle, un peu bouffie. Membres supérieurs et inférieurs amaigris, sans œdème; récemment, pendant six semaines, les membres inférieurs ont été enflés. Ils ne l'avaient jamais été auparavant.

Ascite considérable comme dans une grossesse à terme. Pas de bourrelet lombaire. Actuellement toute l'enflure est bornée à l'ascite. Apyrexie. Anorexie. Langue naturelle. Soif. Rien au cœur ni aux poumons. Ménopause depuis quatre ans.

Urines examinées par acide et chaleur : précipité médiocre d'albumine

Le 18 octobre, pas d'albumine dans les urines, ainsi que les jours suivants Examinées plusieurs fois jusqu'au 25 novembre, pas d'albumine.

26 novembre. Elles sont fortement troublées par l'acide nitrique. Œdème des pieds.

27. Pas la moindre trace d'albumine. Les urines, comme le premier jour, sont toujours claires comme de l'eau, avec une teinte légèrement opaline; on dirait de l'eau gommée.

28 et 29. Pas d'albumine.

1er et 2 décembre, quelques traces d'albumine *Idem* jusqu'au 6.
Le 8, pas de traces d'albumine.

Le 11, traces marquées d'albumine. Ventre très-ballonné. Affaissement. Dyspnée. Paracentèse. Le 14, membres inférieurs très-enflés. Morte deux jours après.

A l'autopsie, reins atrophiés d'un tiers. Lésions de Bright correspondantes à cette période. Kyste énorme avec hydatides adhérentes dans l'abdomen.

M. Abeille (*Traité des hydropisies et des kystes*, p. 75) a cité une observation de fièvre intermittente paludéenne : Récidive chaque année pendant 4 mois, depuis six ans. Entré à l'hôpital le 12 janvier 1851, avec fièvre quarte. L'albuminurie est constatée jusqu'au 20, où elle disparaît pour faire place à un commencement d'œdème qui se généralise en quelques jours. Le 23, le 24 et le 25, l'albuminurie reparaît et cesse le 26, pour ne plus être observée à dater de ce jour. Le 25 février, le malade avait repris des forces, et l'anasarque avait graduellement disparu.

Il faut ajouter à ces faits l'observation déjà citée du prof. Frerichs (obs. XV), de laquelle il résulte que l'œdème prodromique de l'éclampsie puerpérale peut exister longtemps d'avance sans albuminurie, ce phénomène n'apparaissant que plus tard.

4° *Caractères microscopiques des urines.* Je ne ferai que répéter ici ce que j'ai déjà dit dans la première édition de ce Mémoire. De nombreuses observations m'ont mis à même depuis de m'apercevoir de l'insuffisance et de la défectuosité de mes premières recherches, et même de celles de mes devanciers. Il faudrait d'abord partir d'une bonne microscopie urinaire à l'état normal ; or, je n'en connais pas encore de complète ; secondement, parmi tous les travaux de microscopie pathologique, il existe une foule de contradictions, et même d'erreurs. J'avoue que cette question laisse de nombreux *desiderata*. N'étant pas encore à même de les combler, ce que j'espère faire plus tard, je me bornerai à reproduire ici, *sous toutes réserves*, mon premier travail.

A l'aide du microscope de Nachet, j'ai fait quelques études microscopiques sur les urines albumineuses ; j'ai, en particulier, étudié les urines d'une femme éclamptique, dont je donnerai plus tard l'observation. Prenant pour terme de comparaison mes urines du matin, urines normales, voici ce que j'ai constaté :

1° La goutte desséchée d'urine albumineuse, déposée sur un verre, est toujours plus épaisse, moins transparente que celle d'urine normale. Il s'agit ici d'urines très-albumineuses.

2° Sous le champ du microscope, dans les mêmes urines, on trouve une quantité considérable de globules semi-transparents, opalins, formant le fond du tableau. Parmi eux, il en est quelques-uns d'un tiers plus grands environ ; ce sont probablement les globules graisseux, ou gouttelettes d'huile des micrographes étrangers. Les petits globules si nombreux sont probablement aussi des globules d'albumine. Eux seuls peuvent expliquer les urines fortement coagulables ; car, comparativement aux autres corps que le microscope y découvre (épithéliums en lamelles, plaques jaunes ou noires, cylindres fibrineux, sels cristallisés), ils constituent les neuf dixièmes des matériaux visibles de l'urine. Dans mon urine normale, je n'ai jamais rencontré ces corpuscules.

3° On rencontre encore des *lamelles d'épithélium* plus ou moins dégénérées.

4° Des *plaques jaunes* à teintes diverses. Ce sont probablement des lamelles d'épithélium agrégées et colorées d'un pigment particulier ;

5° Des *plaques noirâtres*, tantôt irréguliers, tantôt à bords rectilignes, et découpées régulièrement comme des cristaux de cholestérine. C'est ce qu'on a appelé de l'urocyanine, de la mélanine. Je crois qu'il en existe dans l'urine normale, j'en ai trouvé ; mais elles sont en bien plus grand nombre et plus larges dans les urines albumineuses. Mazonn a insisté sur ce caractère, et je crois qu'il a raison.

6° *Cylindres fibrineux*. On rencontre souvent, dans les urines albumineuses, des corps cylindriques, tantôt transparents, tantôt foncés, tantôt très-noirâtres, qui ressemblent à des tuyaux moulés à l'intérieur des canaux urinifères, dont ils représentent le diamètre. On les appelle *épithéliums cylindriques, coagulums fibrineux*, etc.; il est très-vrai qu'ils existent très-fréquemment dans les urines albumineuses. On a même voulu en faire un caractère pathognomonique. Ces cylindres varient d'un quarantième à un soixantième de ligne de diamètre, et d'un quart à la moitié d'une ligne de longueur. Ils ont été surtout étudiés par Heule, Nasse, Simon, Scherer et Johnson. On a voulu expliquer par eux l'exsudation fibrino-albumineuse à l'intérieur des canaux urinifères, dans le mal de Bright. Frerichs les regarde comme un signe pathognomonique, et en traitant du diagnostic différentiel, il met ce signe en avant; mais cette assertion est purement gratuite. Ces cylindres fibrineux existent aussi dans d'autres maladies que le mal de Bright. Il faut lire à ce sujet le Mémoire de Schottin, qui affirme en avoir rencontré dans la fièvre purulente des femmes en couches, et n'en avoir pas trouvé dans la fièvre typhoïde, alors que les urines étaient albumineuses. Pour mon compte, j'en ai trouvé dans un cas de diabète sans albuminurie. Schottin assure même n'en avoir pas rencontré, lors même que les reins étaient granulés. Malgré ces contradictions, il est certain que, si les cylindres fibrineux ne sont pas un signe pathognomonique du mal de Bright, ils en sont un symptôme presque constant. C'est du reste à une observation ultérieure à en décider.

7° *Sels cristallisés.* Dans l'urine normale, ce qui domine, ce sont les cristaux d'acide urique d'abord, puis ceux de chlorure de sodium, et enfin ceux de phosphate ammoniaco-magnésien. Au microscope, dans l'urine albumineuse, on ne trouve presque pas de chlorure de sodium (constaté par Heller, vérifié souvent par moi), de même pour l'acide urique et les urates. Dans les urines de la femme éclamptique citées plus haut, il n'y avait que des cristaux de phosphate ammoniaco-magnésien.

Il est inutile d'ajouter que l'on rencontre aussi dans les urines albumineuses des globules sanguins plus ou moins altérés.

§ XIII. — *Hydropisies de la peau et des cavités.*

Il n'entre pas dans mon plan de décrire minutieusement l'œdème, l'anasarque et les épanchements des diverses cavités.

L'œdème particulier qu'on attribue à la maladie de Bright, caractérisé par la résistance de la peau et l'absence d'impression digitale, n'existe réellement en général qu'au début. On le rencontre aussi dans les hydropisies sans urines coagulables. Plus tard, ces caractères disparaissent; à mesure que l'anasarque augmente, et surtout quand elle existe depuis longtemps, il est très-facile d'y faire, par la pression, des impressions digitales qui persistent plus ou moins longtemps; la peau ne revient plus sur elle-même rapidement, comme dans l'œdème initial.

Il est inutile de parler aussi des variations des hydropisies de la peau et de ses lieux d'élection ; mais il existe un grand fait dans l'histoire du mal de Bright, c'est qu'un nombre considérable de cas né sont pas accompagnés d'œdème, et c'est là une forme latente, remarquable, de cette maladie. Les observations sont déjà nombreuses sur ce point, et mon expérience personnelle me fait présumer que plus on ira, plus on découvrira un nombre considérable de maladies de Bright de cette forme

Je suis persuadé qu'une foule de maladies chroniques, caractérisées par un état cachectique, de l'amaigrissement (*cachexiæ, marcores*, comme on disait autrefois), trouveront leur explication dans cette forme latente. Ces faits avaient été déjà signalés par Blackall : « La présence de l'albumine dans les urines, dit-il (chap. IX), n'est pas seulement bornée aux hydropisies, on la trouve aussi dans des états considérables d'amaigrissement. »

Le mal de Bright est une des maladies les plus fréquentes ; elle est beaucoup plus fréquente qu'on ne le croit, si l'on réfléchit que la plupart des cas de forme latente passent inaperçus des observateurs vulgaires. Quelle est la proportion des cas sans œdème, relativement aux cas accompagnés d'hydropisie de la peau ? Il est difficile de l'établir, mais elle est considérable. On peut en juger par l'opinion du médecin anglais Simon, qui prétend que le mal de Bright est tout aussi fréquent que la phthisie. Si cette opinion était solidement établie, on comprend que les cas de forme latente figureraient au chiffre total dans une proportion très-notable.

Frerichs, d'après un relevé statistique d'observations avec autopsies de divers auteurs (Gregory, Christian, Rayer, Becquerel, Martin Solon, Bright, Malmsten, Frerichs), arrive à la proportion de près d'un tiers ou d'un quart. Sur deux cent vingt cas de maladies de Bright, il en compte cent soixante-quinze avec œdème, et quarante-cinq sans hydropisie de la peau.

Johnson insiste beaucoup sur ces cas de forme latente, à propos de la néphrite chronique, à laquelle il semble les rattacher exclusivement. D'après lui, la néphrite chronique peut exister depuis longtemps avec une dégénérescence fort avancée des reins, sans que le moindre symptôme donne l'éveil au malade lui-même, ou à son entourage. Il en cite deux observations, et cependant, avec un examen minutieux, on finit par découvrir l'existence des symptômes prodromiques, existant depuis longtemps, mais dont l'importance et la signification n'avaient pas encore frappé l'attention du malade.

Tous ces faits sont aujourd'hui incontestables et d'importance majeure; quoique plus fréquents dans la forme chronique, ils se rencontrent aussi dans la forme aiguë. J'en cite plus bas une fort belle observation (Obs. XVII).

Pour résumer cette question, je crois qu'il est permis de formuler les propositions suivantes :

1° Les deux tiers de maladies de Bright sont accompagnées d'œdème ;

2° Il en est un bon tiers (peut-être la moitié), où il n'y a jamais d'hydropisies de la peau ;

3° On trouve des maladies de Bright où les œdèmes sont fort peu considérables; Bright en cite un cas, où il n'y avait qu'œdème de la conjonctive, chémosis;

4° Il est d'autres cas où l'enflure n'arrive qu'à la fin, à la période terminale;

5° Il en est d'autres où l'hydropisie n'est qu'interne, l'hydrothorax, par exemple;

6° Il en est d'autres encore où il n'y a ni hydropisies des téguments, ni épanchements dans les cavités ;

7° Il faut donc rendre hommage à la tradition, et appliquer au mal de Bright, maladie cachectique par excellence, la définition de la cachexie par Boërrhave : « Marcor, vel leucophlegmatia et hydrops. » C'est là l'histoire du mal de Bright.

Examinons maintenant la question des hydropisies dans l'albuminurie puerpérale.

L'infiltration des femmes enceintes est un fait connu depuis longtemps : « Neque vero, disait Fr. Hoffmann, inficiandum est in gravidis quandoque simul oriri leucophlegmaticum tumorem. »

Mais, comme dans le mal de Bright ordinaire, il existe aussi une forme latente sans œdème.

M. Blot en donne plusieurs observations ; MM. Regnauld et Devilliers en citent deux cas. Voir en outre mes observations IV, XII, XIII.

On connaît aujourd'hui l'influence de l'albuminurie puerpérale sur les avortements. Gorter a dit : « Mulier laborans *cachexia.... hydrope* sæpe abortit. » La cachexie et l'hydropisie, voilà deux formes principales du mal de Bright, si favorable à l'avortement. Or, la cachexie est la forme sans œdème, si l'on rattache à ce mot le sens d'amaigrissement, de *marcor* ou d'affaiblissement général et profond de l'organisme.

Quant aux caractères et à la marche des hydropisies albuminuriques pendant la grossesse, ils sont absolument les mêmes que dans la forme commune du mal de Bright. Je m'expliquerai plus tard sur la terminaison.

M. Cazeaux dit encore que l'albuminurie existe bien rarement chez les femmes enceintes sans être accompagnée d'hydropisie. Les faits observés jusqu'à présent semblent autoriser cette assertion. Mais, d'après ce que j'ai dit plus haut sur la forme latente du mal de Bright, il est à croire que, grâce à une observation plus attentive, les exceptions deviendront plus nombreuses.

Obs. XVII. — Le 26 décembre 1855, je suis appelé en consultation auprès de M. C. T., demeurant à Clermont, rue du Port. 44 ans, bonne santé habituelle, pas de maladies antérieures notables.

M. C. T. est malade depuis vingt jours. Le 6 décembre dernier, il a voyagé d'Issoire à Clermont, distance de 8 lieues environ, en tilbury découvert, par un froid très-humide qui l'a fortement saisi. Il est rentré chez lui pris de courbature fébrile intense, et s'est mis immédiatement au lit; forte fièvre pendant les premiers jours, avec envies continuelles de vomir.

Purgé le 11, mis à l'eau de Vichy les 19 et 20, deux verres le matin; huit sangsues à l'anus le 22. Le médecin traitant diagnostique une espèce de gastrite, et dit que ça sera long.

Le malade se lève tous les jours; il mange passablement, et la nourriture passe. Cependant, il ne guérit pas, s'inquiète de son état; c'est alors que je suis appelé.

Je vois le malade pour la première fois le 26 au soir. Il est assis dans son fauteuil. Il est notablement amaigri. Figure souffrante, altérée, voix affaiblie. Ce dont il se plaint le plus, c'est d'une chaleur sèche, fébrile. Bouche empâtée, empoisonnée, blanchâtre. Il crachote sans cesse, et se plaint surtout du mauvais goût de la bouche, et d'un malaise général indéfinissable. Anorexie, rots assez fréquents; les nuits sont passables.

Les accidents gastriques, et le refroidissement qui a donné lieu à la maladie, appellent mon attention du côté des reins. Je soupçonne une néphrite albumineuse; interrogeant le malade avec soin, j'apprends que, dès le second jour de la maladie, les urines ont été rouges comme du sang, et que la semaine suivante elles ont été rougeâtres, épaisses et lixivielles; puis elles sont devenues claires.

Etat du ventre normal; absence de dévoiement. Mais au côté gauche, au niveau du rein, il existe par la pression un point très-douloureux au-dessous de la dernière côte et au-dessous de ce point, il existe un empâtement, une espèce d'œdème de la peau très-visible à l'œil et grand comme la paume de la main. Le malade éprouve du reste de la roideur et de la gêne dans la région lombaire.

Les urines sont rares. Le malade veut souvent uriner et ne fait rien.

Il urine même difficilement. Le liquide excrété est trouble, enfumé; traité par acide, il est notablement albumineux. Rentré chez moi, je l'examine au microscope. Absence totale de sels cristallisés. Cylindres fibrineux en quantité excessivement considérable. C'est de la fibrine presque pure, transparente. Elle est disposée en panache, et ce panache, ou épi, se voit même parfaitement à l'œil nu sur le verre desséché.

Le lendemain 27, vu l'ensemble des symptômes, et considérant cette néphrite comme une *pneumonie* aiguë des reins, je conseille cinq centigrammes d'émétique en layage, à prendre par démi-verre. Le malade en prend six fois. Il survient plusieurs vomissements. Le soir, moiteur notable.

28. La journée est bonne ; les urines sont plus abondantes, encore albumineuses, cataplasmes sur les lombes.

29. Bonne nuit, absence de fièvre, même état des urines, même empâtement de la bouche, crachotements fréquents, bouillon maigre.

30. Même état, deux cuillerées de sirop de digitale.

2 janvier. Depuis le tartre stibié, l'amélioration a été très-notable, l'empâtement lombaire a disparu, bouche moins empoisonnée, langue plus nette, absence de nausées. La difficulté d'émission des urines a disparu; elles sont beaucoup plus abondantes et n'offrent plus d'albumine. Au microscope, on ne voit presque plus de coagulums fibrineux; absence de sels cristallisés. J'y constate un nombre considérable de globules que je crois être des globules de pus. On cesse la digitale, et l'on commence à alimenter le malade.

Les jours suivants, l'amélioration a été progressive. Toutefois, la convalescence a duré près de six semaines.

Je donne cette observation comme un fort bel exemple de mal de Bright aigu, forme latente, avec prédominance particulière d'accidents gastriques. En faisant la description microscopique des urines de la néphrite desquamative aiguë, Johnson dit que l'on rencontre quelquefois des cellules épithéliales qui ressemblent aux globules de pus, ce qu'il prétend expliquer par l'irritation concomitante de la muqueuse vésicale. Comme l'auteur anglais, j'ai constaté dans le cas précité la présence de ces globules de pus. Outre les cylindres fibrineux, Johnson parle encore de cylindres qu'il appelle *sanguins*. Dans l'observation précédente, j'ai constaté une fois un cylindre fibrineux qui était complétement coloré d'un beau rouge, tous les autres étant transparents. La simple lecture de l'observation précédente prouve facilement qu'il est une foule de maladies fébriles, suite de refroidissement, qui doivent passer inaperçues aux yeux de beaucoup de médecins, être décorées de noms bien divers, et dont on trouverait l'explication toute naturelle, si l'on interrogeait les reins avec le même soin qu'on interroge les plèvres, les poumons et le cœur.

§ XIV. — *Composition du sang.*

De tous les travaux modernes sur cette matière, on peut formuler le résumé suivant :

1° Fibrine normale, n'augmentant que par circonstance, par exemple : phlegmasie intercurrente;
2° Ordinairement diminution notable de l'albumine;
3° Diminution progressive des globules;
4° Faible diminution des sels solubles, et accumulation plus ou moins grande des parties excrémentitielles de l'urine.

Cette analyse se rapporte au sang examiné dans l'albuminurie chronique. Inutile d'ajouter qu'on est arrivé aux mêmes résultats dans l'albuminurie puerpérale ; MM. Regnauld et Devilliers ont vu l'albumine descendre à 56.

Le fait dominant, c'est donc la diminution de l'albumine du sang, ou sa désalbumination.

Mais un fait particulier aussi à l'état puerpéral normal, d'après les recherches de Scanzoni, MM. Becquerel, Rodier et Regnauld, c'est que la quantité d'albumine est déjà notablement diminuée, et qu'elle est presque toujours au-dessous de la moyenne. Ce commencement de désalbumination du sang, semble être une prédisposition à la désalbumination pathologique, ou à ce que M. Abeille nomme anémie albuminurique.

J'en ai fini avec la symptomatologie du mal de Bright. Il me resterait encore à parler des affections pulmonaires, cardiaques et entériques qui surgissent si souvent dans cette maladie, à toutes les époques de son cours, et qui parfois acquièrent une telle prédominance qu'elles en marquent le véritable caractère. Mais ceci m'entraînerait trop loin. J'ai tenu surtout à traiter quelques points importants de cette symptomatologie, à appeler l'attention et la lumière sur plusieurs symptômes peu connus et encore contestés, à signaler leur valeur diagnostique, et à en démontrer l'existence dans l'histoire de l'albuminurie puerpérale. Les cliniciens qui, comme moi, auront été si souvent frappés du caractère essentiellement protéiforme du mal de Bright, me pardonneront facilement d'être entré dans cette analyse symptomatologique si longue et si détaillée.

CHAPITRE TROISIÈME.

MARCHE, TERMINAISON ET PRONOSTIC DE L'ALBUMINURIE PUERPÉRALE.

On a dit et répété que l'albuminurie puerpérale n'avait pas une influence fâcheuse sur la grossesse. En émettant une pareille assertion, on a oublié son influence bien prouvée sur les avortements et les hémorrhagies et ses rapports importants avec l'éclampsie. Ce qui en outre a fait surtout illusion en cette matière, c'est que, dans beaucoup de cas, ce sont les cas de terminaison heureuse, on a vu souvent les hydropisies disparaître rapidement par le fait de l'accouchement, ainsi que l'albuminurie, qui cesse alors du quatrième au cinquième jour après la délivrance.

Ces terminaisons heureuses en beaucoup de cas, je suis loin de les nier. Avant Bright, la tradition les avait aussi constatées plus d'une fois.

« Gravidarum œdemata, disait l'école de Stahl, elapso tempore pariendi, iterum disparere solent (Nenter). »

Lamotte disait aussi (*Traité des accouchements*, L. I, obs. XLII), qu'il n'avait jamais vu périr une femme enceinte ou en couches, malgré d'énormes hydropisies des membres inférieurs; mais il ajoutait un correctif important : « A moins qu'il n'y eût d'abondantes *hémorrhagies* ou des *convulsions*, ou d'autres *symptômes extraordinaires*. »

Ces citations et beaucoup d'autres que je pourrais faire à l'appui confirment en un sens la thèse que je soutiens.

J'attaque franchement cette opinion générale, que l'albuminurie puerpérale guérit ordinairement par le fait de l'accouchement. Je veux combattre sa trop grande généralité, et je crois qu'on approche beaucoup plus près de la vérité en disant : S'il est des cas d'albuminurie puerpérale qui disparaissent rapidement après l'accouchement, il en est un grand nombre aussi qui persistent, continuent leurs cours, deviennent mortels dans les premiers mois qui suivent la délivrance ou passent à la maladie de Bright, chronique et confirmée. Les faits sont encore trop peu nombreux pour établir une proportion; mais elle est considérable, et je ne crains pas de dire que plus on examinera la question de près, plus on se convaincra en outre qu'il est un grand nombre de maladies de

Bright *post puerpérales* qui ont leur point de départ dans l'état puerpéral lui-même, soit que l'albuminurie ait débuté pendant la grossesse, dans les suites de couches, ou quelque temps après. Les observations que j'ai déjà citées viennent à l'appui de cette thèse (obs. II, III, IV, V, VI, IX, X, XII).

Ces faits appartiennent encore à la tradition : « Imprimis, disait Van Swieten (t. IV, p. 198), hydrops metuendus est... post abortum, puerperium... post ingentes sanguinis evacuationes. » On avait donc remarqué autrefois le développement des hydropisies après les accouchements et les avortements; or, l'on sait que la moitié au moins des hydropisies reconnaissent pour cause le mal de Bright et l'on connaît l'influence de l'albuminurie sur les avortements eux-mêmes. On trouve de semblables observations dans Fr. Hoffmann : *Leucophlegmatia ab abortu inducta*, t. III, p. 335.

Mais sans vouloir étaler ici un luxe bien facile d'érudition, contentons-nous de grouper les faits révélés par l'observation moderne et voyons ce qu'ils enseignent.

J'ai fait le relevé de 164 observations qui se décomposent en 65 observations d'albuminurie puerpérale sans l'éclampsie, 94 observations d'albuminurie avec éclampsie et 5 cas d'éclampsie sans albuminurie. En voici le dénombrement quant aux auteurs : MM. Martin-Solon, 2 ; Rayer, 4 ; Becquerel, 2 ; Caleb Rose, 1 ; Cossy, 1 ; Bouchut, 1 ; Cahen, 3 ; Devilliers et Regnauld, 9 ; Spekman, 1 (1); Blot, 41 ; Plat, 1 (2); Gros, 1 (3); Frerichs, 2 ; E. Louis, 1 (4) ; Lever, 13 ; Musset, 2 ; Legroux, 2 ; Sabatier, 7 (5) ; P. Dubois, 1 ; Mascarel, 2 ; Depaul, 1 ; Prestat, 10 (6) ; K. Braun, 44 ; Cazeaux, 5, et l'auteur de ce mémoire, 7.

Il ressort de l'analyse de ces observations que sur 65 cas d'albuminurie puerpérale non compliquée d'éclampsie, il existe 21 morts pour le temps de la grossesse et les suites de couches proprement dites, et 6 cas de mort du 3e au 14e mois après l'accouchement ; total, 27 cas de mort sur 65 cas d'albuminurie puerpérale sans éclampsie.

---

(1) *Revue médico-chirurgicale*, 1849.
(2) *Bulletin de thérapeutique*, 30 novembre 1847.
(3) *Ibid.*, 15 janvier 1849.
(4) *Union médicale*, 2 juillet 1855.
(5) Musset, Legroux, Sabatier, *Union médicale*, 1853.
(6) Thèse sur l'éclampsie, 1839.

Que si l'on tient compte en outre de cinq cas d'albuminurie puerpérale persistant après la délivrance, et constatée deux mois, huit mois, dix et quatorze mois et sept ans après l'accouchement, cas voués nécessairement à la mort, règle ordinaire du mal de Bright chronique, il est permis d'ajouter en prévision 5 cas de plus au total 27 des cas de mort ; ce qui fait 32 cas de mort sur 65 cas bien connus d'albuminurie puerpérale.

Donc l'albuminurie puerpérale est un fait grave, puisque la *moitié* des femmes qui en sont atteintes en meurent, soit dans le temps puerpéral (21 sur 32), soit dans un temps plus ou moins éloigné des suites de couches (11 sur 32).

Par contre, dans la moitié des cas, l'albuminurie puerpérale disparaîtrait rapidement du 2e au 14e jour des suites de couches, comme on l'a dit, et dans un sixième des cas (11 sur 65), elle persisterait et passerait à l'état chronique.

Ainsi les chiffres parlent assez haut ; ils établissent : 1° que l'albuminurie puerpérale est une maladie grave, puisqu'elle est mortelle dans la moitié des cas; 2° que si elle disparaît rapidement dans une proportion de moitié, elle passe aussi à l'état chronique dans une proportion considérable, un sixième, lorsqu'elle n'est pas promptement mortelle.

Je ne doute nullement, comme je l'ai dit plus haut, que ces chiffres moyens de chronicité et de mortalité ne s'élèvent davantage par une observation plus attentive des faits, et cela pour deux raisons principales : la première, c'est qu'il existe dans l'albuminurie puerpérale, comme dans la forme commune du mal de Bright, une forme latente, une forme sans œdème ; il n'y a pas assez de faits pour établir s'il existe, pour ces cas, la même proportion générale d'un sur trois, ou peut-être de moitié, comme il a été dit ailleurs ; mais enfin ce sont là des faits acquis à l'observation moderne. Or, beaucoup de ces faits doivent passer naturellement inaperçus de la plupart des observateurs. Ajoutons encore qu'il existe un certain nombre d'albuminuries *post-puerpérales*, albuminuries se développant pendant ou après les suites de couches, et paraissant être dans une proportion assez notable parmi les nombreuses maladies qui se produisent après les accouchements. — Secondement, on voit souvent l'albuminurie se compliquer de phlegmasies intercurrentes : or, combien de phlegmasies puerpérales qui doivent peut-être leur point de départ à une albuminurie latente et qui n'en sont que l'expression symptomatique ?

Ces faits de complication phlegmasique sont très-fréquents ; ce sont ces mêmes faits qui ont prouvé que la diminution de l'albumine du sang, ce que j'appelle la *désalbumination* du sang, est en rapport évident avec le développement de l'état inflammatoire.

La marche et la terminaison de l'albuminurie puerpérale, et partant, son pronostic, se présentent donc ici sous un aspect tout nouveau et bien différent de ce qu'on avait cru jusqu'à présent, d'après une observation trop superficielle des faits. Le Mémoire de M. Leudet, dont j'ai cité les conclusions au chapitre premier de ce traité, est venu depuis confirmer ma thèse.

Aussi me permettrai-je de combattre l'opinion contradictoire de M. Dufresne : « Nous croyons, dit ce médecin distingué, avec MM. Devilliers et Regnault, qu'il faut distinguer formellement de la véritable maladie de Bright l'hydropisie albuminurique, la plus fréquente des femmes enceintes. Cette affection est liée à une hypérémie passagère des reins. Ici se produit la même alternative que pour l'anasarque aiguë, essentielle, et toutes les maladies où intervient l'albuminurie. Assez souvent il y a une lésion, la congestion ; tout aussi souvent il n'y en a point. Les symptômes, la marche, le pronostic, si *généralement favorable*, la *rapide disparition* après l'accouchement, l'*influence nulle* sur la santé ultérieure, voilà autant de caractères qui distinguent cette complication de la grossesse de l'anasarque chronique de Bright. M. Rayer a produit une confusion fort malheureuse, en rapprochant cet état de l'anasarque chronique. Maintenant, l'éclampsie intervient comme épisode fâcheux dans cette hydropisie puerpérale ! C'est vrai, mais cet épisode ne modifie point la nature de l'affection et son génie spécifique, pas plus que l'encéphalopathie et les accidents cérébraux survenant dans l'anasarque scarlatineuse (bien que comme phénomènes ce soient des faits graves), n'autorisent à confondre, au point de vue du pronostic, l'anasarque scarlatineux avec la maladie de Bright. »

Je suis, autant que qui que ce soit, grand partisan de la *conservation des espèces* morbides, et de même que je repousse la dissection de la variole en organopathies multiples, par la même raison, j'estime qu'il faut combattre la tendance que l'on a aujourd'hui à diviser la grande unité pathologique de la maladie de Bright en plusieurs espèces morbides. On peut admettre des variétés, mais non des espèces distinctes.

En ce qui touche la séparation de l'hydropisie albuminurique puerpérale de l'anasarque chronique de Bright, c'est là une hypothèse en contradition flagrante avec les faits. M. Rayer n'a point fait, à cet endroit, de confusion malheureuse, et l'éminent auteur du *Traité des maladies des reins*, en se fondant sur quelques observations peu nombreuses encore, il y a quinze ans, avait signalé avec beaucoup de justesse, le côté vrai de cette question nosologique. Quant à l'éclampsie puerpérale, je prouverai plus tard que c'est plus qu'une épisode de l'albuminurie des femmes en couches, qu'elle est pour le mal de Bright puerpéral ce que sont les accidents cérébraux, ou l'encéphalopathie pour la forme commune de la même maladie. Il n'y a pas là seulement caractère épisodique, mais caractère essentiel. Relativement à l'anasarque scarlatineuse, j'essaierai aussi de démontrer en temps et lieu qu'il faut confondre, même au point de vue du pronostic, l'anasarque scarlatineux avec la maladie de Bright, et qu'en résumé, dans toutes ces espèces morbides dont on veut faire des maladies essentielles, il n'y a qu'une seule maladie, une seule unité pathologique, le *mal de Bright*.

OBS. XVIII. — Élise Quarmby, 32 ans, commence son traitement le 31 octobre 1848 sous la direction du docteur Tanner. — Accouchée cinq semaines auparavant d'un dixième enfant qu'elle allaite. Avant son accouchement, elle était atteinte d'un œdème considérable des jambes, qui persiste encore; la figure était enflée, les urines rares, chargées d'urates et d'albumine.

On fait cesser l'allaitement, et, sous l'influence d'un bon régime et de toniques, l'état général s'améliore et l'enflure diminue.

Au mois de février 1849, la malade allait beaucoup mieux, et était en état de circuler. L'hydropisie avait complétement disparu, mais les urines étaient encore fortement albumineuses.

Le 31 octobre 1849, j'examine les urines pour la première fois; elles contiennent beaucoup d'albumine, et forment un dépôt composé de phosphates et d'épithéliums vésiculaires, ces derniers venant probablement de la vessie. Absence d'épithéliums rénaux et de cylindres des tubuli.

Le 4 décembre, nouvel examen des urines, mêmes résultats. Seulement, je constate la présence de quelques petits cylindres ciroïdes.

Le 24 avril 1850, les urines étaient de nouveau très-fortement albumineuses, et se solidifiaient presque entièrement par l'addition d'acide nitrique; 1022 de pesanteur spécifique. Elles renfermaient de petits cylindres ciroïdes, ainsi que de grands cylindres ciroïdes caractéristiques. Dans quelques petits cylindres, on voyait enclavées des cellules d'épithéliums rénaux. Cependant, elles étaient en si petit nombre qu'on ne pouvait considérer à juste titre la maladie comme une maladie non-desquamative.

En octobre de la même année, on ne trouve aucune trace évidente de cylindres, ou d'épithéliums rénaux.

Le 6 juin 1851, l'urine est de nouveau examinée. Elle est encore fortement albumineuse, et présente un dépôt blanchâtre assez abondant, composé de grands et de petits cylindres ciroïdes, dont quelques-uns renferment des globules d'huile déchiquetés et des cellules remplies d'huile. On peut constater alors pour la première fois que les reins sont atteints de dégénérescence graisseuse. En même temps, l'hydropisie avait reparu et avait pris un tel accroissement qu'au mois de juillet on fut obligé de ponctionner les jambes, et de faire la paracentèse le 23 août suivant, ce qui ne soulagea que momentanément la malade. Elle s'affaiblit de plus en plus et mourut le 25 novembre 1851.

Les reins offraient un bel exemple de reins graisseux granulés sur beaucoup de tubuli ; on ne voyait pas l'état desquamatif ; les épithéliums étaient troubles et granulés, pendant que dans d'autres tubuli on constatait facilement les divers degrés de dégénérescence graisseuse. Dans quelques cellules, il y avait quelques petits globules d'huile ; dans d'autres, ils étaient très-nombreux ; de plus, altération des cellules dans leur forme. Les tubuli avaient perdu leur transparence, grâce à l'accumulation des produits contenus, et par suite avaient aussi perdu leur forme ; es uns crevés par excès de dilatation, les autres atrophiés. (*Johnson.*)

Obs. XIX. — Anne Parisse, 21 ans, domestique, entrée le 27 octobre 1855, à l'Hôtel-Dieu de Clermont-Ferrand, salle Sainte-Marie, 16.

Fille, accouchée le 10 septembre ; primipare, accouchée très-heureusement, sans avoir éprouvé le moindre accident pendant toute sa grossesse et ses suites de couches.

Six semaines environ après son accouchement, Anne Parisse était levée et commençait à travailler à la couture, lorsque, pendant deux jours de suite, elle a été prise de vertige subit, et est tombée à terre. La première fois, elle croit avoir perdu connaissance. On a été obligé de la relever. A la deuxième, elle est restée sans connaissance pendant deux minutes seulement. Déjà depuis une dizaine de jours elle était obligée d'uriner fréquemment, 10 à 12 fois fois dans la journée.

Après ces deux attaques, elle a continué à coudre pendant deux ou trois jours ; mais bientôt sa vue a faibli peu à peu, et elle a été obligée de cesser tout travail, et concurremment avec l'amaurose, il est survenu une grande céphalalgie gravative : 10 jours après, elle entre à l'hôpital.

A son entrée, céphalalgie générale, grande courbature, ne peut pas remuer les membres de fatigue. Les yeux ont l'apparence amaurotique ; pupilles assez dilatées, un peu de conjonctivite palpébrale. La malade distingue bien les doigts qu'on lui présente, mais elle ne peut pas lire, même les grosses lettres. Absence de nausées et de lumbago.

3 novembre. — La malade ne quitte pas le lit; les urines ont été examinées tous les jours; elles sont notablement albumineuses. Bouffissure de la face; les deux membres supérieurs commencent à s'œdématier un peu. Elle dort la nuit. Apoplexie. Pas de retour. Pot. alcoolature de belladone, 10 gouttes.

6. — L'état de la malade empire visiblement. Les deux bras sont demi-paralysés; elle les remue difficilement, et ne peut pas les porter jusqu'à sa tête. Même état amaurotique. Urines albumineuses.

Les jours suivants, la paralysie augmente. La malade tombe dans un état de torpeur général. Les traits s'altèrent. Elle meurt le 13 novembre dans le coma. L'autopsie n'a pu être faite.

CHAPITRE QUATRIÈME.

ANATOMIE PATHOLOGIQUE.

Quelles sont les lésions rénales que l'on rencontre chez les femmes qui ont succombé à l'albuminurie puerpérale? Faut-il les rattacher à la néphrite albumineuse, ou, en d'autres termes, à la maladie de Bright? Voyons les faits.

Sur 65 cas d'albuminurie puerpérale, nous avons compté 32 morts. Sur ces 32 observations, nous avons relevé 22 autopsies (Martin Solon, 1; Rayer, 2; Becquerel, 1; Cossy, 1; Devilliers et Regnauld, 9; Blot, 6; l'auteur 2). Les autres dix observations ne sont point accompagnées d'autopsie.

Or, sur ces 22 cas nécropsiques, les lésions rénales de Bright ont été constatées 13 fois de la manière la plus évidente; il reste neuf cas douteux; 3 de M. Blot, et 5 de MM. Devilliers et Regnauld. Ces 5 derniers cas ne devraient même pas être comptés pour douteux; car voici comment s'expriment ces deux auteurs : « Neuf autopsies, *neuf fois les reins étaient altérés*. L'altération n'a pas paru se rattacher constamment au mal de Bright, *tel qu'il est décrit jusqu'ici*. Dans trois cas, le volume des reins était si peu augmenté, la pâleur et l'hypertrophie de la substance corticale étaient si peu prononcées que *beaucoup auraient nié l'existence de la néphrite albumineuse*. Dans quatre cas, la maladie de Bright était incontestable. Dans deux autres, *couleur de chair d'anguille* du cortex; seulement, dans l'un, *les pyramides étaient injectées*, tandis qu'elles étaient dans l'autre *pâles* et *fondues* avec le cortex. » Je n'hésite point, pour mon compte, à admettre les cinq cas douteux, comme lésions réelles rénales du mal de Bright.

Mais, en restant dans des termes rigoureux, il est donc établi que, sur 22 cas, il y a eu 13 fois lésions rénales de Bright, 5 cas douteux et 3 nuls de M. Blot. Que si encore par prévision, sur les 32 cas de mort, à ces 22 autopsies, on ajoute les 5 cas d'albuminurie persistante après le temps puerpéral, cas déjà susnommés, et où l'on rencontre toujours les lésions évidentes de Bright, inhérentes à la forme chronique, nous aurons 18 cas de néphrite albumineuse réelle sur 27 autopsies. On le voit, la proportion est considérable, et nous permet de conclure, d'après les faits actuellement connus, que *la grande majorité des cas d'albuminurie puerpérale est lié à l'existence de la néphrite albumineuse, ou du mal de Bright.*

Sans vouloir préjuger la question des rapports de l'éclampsie avec l'albuminurie puerpérale, que serait-ce si je voulais adjoindre à ces chiffres les résultats des autopsies d'éclampsie pure, ou d'éclampsie liée évidemment à tous les symptômes ordinaires du mal de Bright? Je me contente d'affirmer, pour le moment, que, d'après les autopsies, *la presque totalité des observations nécropsiques d'éclampsie appartient à la néphrite albumineuse,* fait remarquable qui conclut nécessairement à l'identité de l'éclampsie puerpérale avec le mal de Bright.

Mais n'anticipons point sur cette question traitée plus bas : il faut maintenant résoudre deux objections principales contre l'identité de l'albuminurie puerpérale non compliquée d'éclampsie avec le mal de Bright.

Première objection. Si l'albuminurie puerpérale est liée à la néphrite albumineuse, comment se fait-il qu'elle disparaisse si promptement après l'accouchement?

Réponse. J'ai démontré premièrement, que l'albuminurie puerpérale est loin de disparaître rapidement après l'accouchement de la manière aussi générale qu'on le formule, puisque, dans un sixième des cas observés jusqu'à présent, elle a persisté et passé à l'état chronique, et qu'il est certain que cette proportion d'un sixième doit augmenter notablement par une observation plus attentive du fait.

Secondement dans la moitié des cas, elle a été mortelle, ce qui conclut nécessairement à l'existence d'une maladie grave, comme la néphrite albumineuse.

Troisièmement, il n'y a rien de plus naturel que de voir une maladie aiguë, même grave, développée sous l'influence puerpérale, cesser et disparaître assez rapidement par le fait de l'accouchement, alors que la cause prédisposante cesse d'exercer son action. Ne voit-on pas tous les jours dans la grossesse, des vomissements graves, des hémoptisies, des affections aiguës de poitrine, disparaître par le fait même de la délivrance ? Du reste, le mal de Bright *puerpéral*, n'est-ce pas une forme aiguë de cette maladie, comme le mal de Bright scarlatineux, et n'est-il pas d'observation journalière que la maladie de Bright, à l'état aigu, peut se terminer par résolution naturelle, par guérison ?

Cette objection n'est donc point fondée théoriquement ; elle est combattue d'ailleurs par les faits. Dans notre science, il ne s'agit pas de dire : nous ne concevons pas ; il faut observer : *that is the question*. Or, les faits enseignent que l'albuminurie puerpérale est ordinairement liée à l'existence de la néphrite albumineuse.

Deuxième objection. — Dans un certain nombre d'autopsies, on n'a trouvé aucune trace des lésions ordinaires de la néphrite albumineuse. Nous ne nions pas, dit M. Abeille, que dans quelques-unes de ces hydropisies puerpérales, il n'y ait maladie de Bright ; cela peut être, et cela est quelquefois, mais *ce sont les cas exceptionnels.* — Si, dans quelques cas, disent MM. Devilliers et Regnauld, nous avons rencontré les lésions rénales de Bright, nous n'avons rien trouvé d'analogue dans d'autres. (Même opinion chez M. Blot.)

Réponse. — Premièrement, les chiffres, les faits, les autopsies prouvent en faveur de la loi de coïncidence de la néphrite albumineuse avec l'albuminurie puerpérale.

Secondement, il règne le plus grand désaccord entre les observateurs sur les caractères réels des lésions rénales de Bright. Ainsi, M. Abeille, dans son *Traité des hydropisies*, cite plusieurs observations d'hydropisie albumineuse avec autopsie, sans lésions rénales de Bright, et pourtant il parle de substance corticale décolorée ; mais comme les granulations ne sont pas bien accusées, et que les reins ne sont pas marbrés, il rejette la maladie de Bright. M. Becquerel, dans sa *Séméiotique des urines*, décrit, sous le nom d'œdème des reins, une lésion qu'il distingue du mal de Bright. Evidemment, et à la simple lecture, les caractères qu'il en donne doivent se rapporter aux lésions décrites par Bright et Rayer. Il n'est donc pas étonnant qu'avec un tel désaccord on ne veuille pas voir, dans certains cas, des lésions réelles de néphrites albumineuses.

Troisièmement, les divisions et l'obscurité qui règnent sur les points en litige tiennent évidemment à ce qu'on n'est point fixé sur les caractères réels du début de la néphrite albumineuse. En France, depuis M. Rayer, l'étude de cette question anatomo-pathologique est restée complétement stationnaire; mais à l'étranger, depuis cette époque, en Angleterre comme en Allemagne, cette partie de l'histoire du mal de Bright a fait de grands progrès, grâce à l'application du microscope à la structure normale du rein et à ses lésions diverses. C'est dans ces travaux étrangers encore totalement inconnus en France (1), qu'il faut aller chercher la solution des difficultés qui ont surgi à cet endroit. Il faut surtout consulter Bowman, Johnson et Frerichs, qui les a résumées.

On sait que Bright, en décrivant les lésions rénales, a admis trois degrés; Martin Solon, cinq; Christison, sept; et Rayer, six.

Le célèbre professeur d'anatomie pathologique de Vienne, Rokitansky, en admet huit. Sauf quelques modifications, ils rentrent dans ceux de M. Rayer.

Johnson, se fondant sur la disparition plus ou moins complète des épithéliums, qui tapissent l'intérieur des canaux urinifères, revêtement intérieur qui s'altère par une espèce de desquamation, part de ces données microscopiques pour diviser la néphrite albumineuse : 1° en néphrite aiguë desquamative, 2° néphrite chronique desquamative; 3° simple dégénérescence graisseuse des reins; 4° combinaison de la néphrite par desquamation avec la dégénérescence graisseuse.

Des travaux des médecins allemands (Henle, Reinhart, Frerichs, etc.), suédois, (Malmsten) et russe (Mazonn), il résulte qu'on doit admettre trois degrés principaux dans les lésions rénales de Bright, comme le médecin anglais les avait primitivement établis : un premier degré hypérémique avec commencement d'exsudation et de dépôt de matière fibrino-albumineuse dans le tissu de l'organe ; un second degré caractérisé par l'envahissement du tissu rénal par la même matière; un troisième degré consistant dans le retrait sur lui-même de l'organe hypertrophié (atrophie). Donc trois périodes : période d'hypérémie, période de dégénérescence graisseuse ou jaunâtre, et période d'atrophie.

Mazonn prétend même que la période hypérémique n'existe

---

(1) M. A. Becquerel a résumé récemment tous ces travaux dans un mémoire publié dans les *Archives générales de Médecine*, avril 1855.

pas, et que la lésion débute par la dégénérescence graisseuse. Il peut y avoir du vrai dans cette opinion, du reste, trop exclusive. Il est possible que la dégénérescence jaunâtre débute d'emblée, ou soit précédée d'une période d'hypérémie. Cette évolution est soumise probablement à la même loi qui régit d'autres dépôts pathologiques, lesquels se développent avec ou sans inflammation, témoin le tubercule.

Je ne décrirai point avec tous ces auteurs les dernières périodes, bien connues et bien acceptées en France. Je me contenterai de faire avec Frerichs l'histoire de la période d'hypérémie. Son travail résume la plupart des autres travaux. Cette description importe seule à la solution des difficultés élevées au sujet de l'albuminurie puerpérale, et je dois me renfermer dans mon cadre. Je traduis et j'analyse Frerichs.

Premier degré, ou période d'hypérémie ou d'exsudation initiale. — Les reins ont augmenté de volume et souvent de poids, pesant de trois, quatre à douze onces. La surface paraît lisse ; la membrane propre est injectée d'un rouge sale, et elle s'enlève facilement. Les réseaux capillaires veineux de la surface de l'organe sont élargis et pleins de sang noir. La substance corticale est tuméfiée, et c'est à cette tuméfaction qu'est due principalement l'augmentation du volume de l'organe. Elle est colorée en rouge obscur plus ou moins foncé, mollasse et facilement déchirable. En l'incisant, il en sort un liquide visqueux, sanguinolent, qui infiltre le parenchyme. Souvent on voit, à la surface et sur les coupes, des taches d'un rouge foncé, de forme ronde ou irrégulière, qui donnent aux reins un aspect pointillé : les pyramides, qui contribuent faiblement à l'hypertrophie de l'organe, sont aussi hypérémiées ; mais l'injection est par stries, à raison de la direction des vaisseaux et des canaux. Les calices et le bassinet ont leur muqueuse veloutée et injectée par arborisation ; ils contiennent ordinairement un liquide trouble et sanguinolent. A part l'hypérémie, le tissu rénal ne paraît pas altéré. Les plexus veineux du cortex regorgent d'un sang noir ; les glomérules des corps de Malpighi sont fortement hypérémiés, et deviennent très-visibles au microscope. Très-souvent on rencontre des épanchements hémorrhagiques qui partent, tantôt des glomérules, tantôt des plexus vasculaires qui enlacent les canaux urinifères, et tantôt des veines superficielles du cortex.

Dans le premier cas, le sang s'épanche dans la capsule de

Malpighi, et s'écoule de là dans les canaux urinifères qui en sont fortement dilatés. La plupart des taches rondes que l'on trouve à l'intérieur de la substance corticale, sont dues au sang qui remplit les circonvolutions des canaux urinifères, les *tubuli contorti*. Dans le second cas, ces petits foyers apoplectiques s'épanchent irrégulièrement dans le parenchyme, compriment et oblitèrent les canaux voisins. Les hémorrhagies des veines superficielles constituent les taches superficielles du cortex, sises sous la membrane propre.

Les épithéliums des canaux urinifères ne subissent pas à cette époque des changements essentiels. Les canaux, surtout ceux du cortex, sont remplis de fibrine coagulée. Il est très-facile (1) de constater la présence des coagulums fibrineux, en portant sous le microscope le liquide qui s'écoule d'une coupe de la substance corticale. Ils se composent tantôt de fibrine pure coagulée, et ils apparaissent alors sous la forme de cylindres transparents, pâles et homogènes, conservant la forme et les contours des canaux dans lesquels ils se moulent; tantôt on voit des épithéliums enclavés dans la fibrine, d'autres fois on y trouve des globules sanguins altérés, isolés ou groupés, et mêlés aux éléments précédents. On voit aux extrémités déchirées de ces coagulums qu'ils sont réellement formés dans l'intérieur des canaux. Les canaux urinifères conservent en partie leur revêtement épithélial, ou ils en sont dépouillés incomplétement par les coagulums fibrineux qui enchevètrent les épithéliums, et qui, emportés par les courants de liquide, vont dans les urines où le microscope les retrouve.

Le diagnostic de ce premier degré est rarement difficile. On peut le confondre avec la simple hypérémie; mais la présence des coagulums fibrineux, soit dans le tissu rénal, soit dans les urines, lève la difficulté.

On a rarement étudié les lésions du premier degré dans le mal de Bright. Sur 292 autopsies relevant d'observations connues et publiées, Frerichs n'a compté que 20 autopsies du premier degré.

J'ai eu à cœur de donner cette description du premier degré d'après Frerichs. On voit que le microscope seul peut trancher la question sur les difficultés d'appréciation des lésions

---

(1) Et non pas très-difficile, comme il a été imprimé fautivement dans la première édition de ce travail dans les Mémoires de l'Académie impériale de médecine, t. **XX**.

rénales. J'ai eu occasion de vérifier plusieurs fois avec l'instrument de Nachet la plupart de ces assertions, et je n'hésite pas à dire que mes vérifications confirment complétement l'existence de ces lésions diverses. Je ne me porte point fort pour toutes les explications pathogénétiques données par les micrographes étrangers. Les lésions, telles qu'ils les ont figurées dans un grand nombre de planches lithographiées, je les ai retrouvées la plupart sous le microscope. Quant à l'explication de leur ordre de succession, quant à l'évolution de ces lésions diverses, je suis loin de les garantir : il faut, je crois, un travail d'observation beaucoup plus considérable et plus étendu pour arriver à une véritable pathogénie anatomique du mal de Bright. Quoi qu'il en soit, voilà de nouveaux travaux micrographiques importants, et l'on conçoit que l'étude seule des lésions intimes du rein dans le mal de Bright peut mettre d'accord les divergences des observateurs sur ce point. Je tenais à donner tous ces détails pour répondre en partie à l'objection tirée de l'*absence* des lésions, contre l'identité de l'albuminurie puerpérale et du mal de Bright.

Résumé. — Il est donc prouvé par la symptomatologie, par la marche et la terminaison, et par l'histoire des lésions, que

L'albuminurie puerpérale n'est autre chose que la maladie de Bright se développant pendant la grossesse, autre chose que le mal de Bright puerpéral.

Dans le chapitre suivant, avant d'aborder la question des rapports de l'éclampsie avec l'albuminurie puerpérale, je vais traiter *de la maladie de Bright sans albuminurie*, question toute nouvelle qu'il importe de mettre au jour, qu'il est même de toute nécessité d'aborder, pour établir ma thèse de l'identité morbide de l'albuminurie puerpérale et de l'éclampsie puerpérale, et pour réfuter les objections qui s'élèvent naturellement contre cette manière de voir.

CHAPITRE CINQUIÈME.

Du mal de Bright sans albuminurie.

Il est d'observation journalière, en étudiant les hydropisies aiguës et chroniques, qu'il existe des hydropisies, sans albuminurie qui ont, avec les hydropisies *albumineuses*, non-seulement la plus grande ressemblance, mais une identité complète au point de vue de l'étiologie, du développement et des symptômes. Avant d'examiner les urines, on parierait mille fois que tel hydropique, vu le faciès, le caractère de l'œdème, la présence de l'amaurose et autres symptômes, vu aussi les circonstances commémoratives, est réellement atteint d'albuminurie. Je l'ai annoncé plus d'une fois, et j'ai été tout étonné de ne pas rencontrer d'albumine dans les urines. Pour beaucoup d'hydropisies, il n'y a réellement de différence que dans l'albuminurie. Je le répète, ceci est d'observation journalière, et les cliniciens qui auront suivi attentivement la maladie de Bright me comprendront facilement : mais voyons d'abord les faits.

OBS. XX. — *Anasarque aiguë.* — Yvon, 23 ans, soldat, entré à l'Hôtel-Dieu de Clermont le 29 décembre 1853, était enrhumé depuis huit jours. Le 26, étant de garde, il avait très chaud, il a bu de l'eau très-froide, et il a senti que ça le glaçait ; pris immédiatement d'éblouissements ; rentré à l'infirmerie avec céphalalgie et vertiges.

Le 27, enflure des bras et des jambes ; le 28, enflure générale ; œdème des paupières considérable.

Le 30, au matin, je constate à la visite une anasarque : face pâle avec bouffissure. Depuis le 26, la vue a toujours été troublée. L'enflure des membres est peu considérable ; elle a diminué depuis son entrée. Langue blanchâtre, anorexie, apyrexie. Urines très-claires, citrines, sans albumine.

1er janvier, disparition de l'œdème ; urines examinées jusqu'au 7 janvier ; pas d'albumine. Le 7 janvier, léger trouble opalin, à peine sensible, par la chaleur. Sorti quelques jours plus tard en pleine santé.

Dans les conditions ordinaires du mal de Bright aigu, nous le voyons tous les jours se développer par le refroidissement, avec œdème et amaurose. Donc, l'anasarque aiguë a la plus grande ressemblance avec la forme aiguë du mal de Bright, n'en différant souvent que par l'absence d'albumine dans les urines. Le soldat Yvon n'a-t-il pas eu du refroidissement, de la céphalalgie, de l'amaurose, de l'anasarque enfin, comme cela se voit tous les jours dans beaucoup de maladies de Bright, forme aiguë? Ce serait donc, si l'on veut, une espèce de maladie de Bright aiguë sans albuminurie. Malmsten a cité un cas analogue, et l'on connaît beaucoup d'observations d'anasarques aiguës non albumineuses. En lisant la description de l'anasarque par MM. Rilliet et Barthez (1), on voit qu'il existe la

---

(1) *Traité des maladies des enfants*, 1854.

plus grande similitude entre les anasarques, et beaucoup de maladies de Bright, forme aiguë, qui, de même que l'anasarque aiguë, se développent habituellement sous l'influence du refroidissement, souvent à la suite d'un exanthème. Or, quelle est la différence majeure? Elle ne gît que dans la présence de l'albumine dans les urines. Et cela suffit-il pour constituer deux espèces nosologiques différentes?

Obs. XXI. — *Hydropisie sans albuminurie, consécutive à une fièvre intermittente.* — A. Barthélemy, 38 ans, tisserand, dit avoir eu une maladie de langueur pendant cinq ou six ans; il y a deux ans, Barthélemy a gardé la diarrhée une année entière.

Entré à l'Hôtel-Dieu le 11 septembre 1853; il y a trois semaines, fièvre intermittente quotidienne pendant cinq ou six jours. Il habite un pays fiévreux. Il y a dix jours, grande sueur pendant la nuit, la fièvre ayant disparu quelques jours auparavant. C'est à partir de ce moment que l'enflure est venue.

A son entrée, membres inférieurs modérément œdématiés. Enflure des parties viriles considérable, verge en spirale, ascite médiocre, face dorsale des deux mains un peu enflée, un peu d'œdème à la figure, face pâle, jaunâtre; céphalalgie gravative; pas de trouble dans la vue; apyrexie; se promène toute la journée.

Urines très-décolorées, pâles, anémiques; examinées par acide et chaleur, nullement albumineuses. Le malade a uriné très-fréquemment toute la semaine dernière.

Sorti vers la mi-octobre, l'enflure ayant disparu graduellement. J'ai encore examiné les urines plusieurs fois : pas d'albumine.

Obs. XXII. — *Hydropisie puerpérale avec contractures, sans albuminurie.* — Le 11 février 1854, je suis appelé auprès de la femme Mabru, 38 ans; sixième grossesse; elle s'attend de jour en jour à accoucher.

Les grossesses antécédentes ont toujours été heureuses. Depuis deux mois, elle se sent fatiguée et tousse beaucoup; depuis le même temps, affaiblissement notable de la vue.

Depuis quinze jours, enflure du visage et des membres inférieurs. Elle a craché deux ou trois fois du sang, la semaine passée. Tête lourde habituellement, avec nausées. Depuis le 5, il y a six jours, prise tous les jours pendant deux heures de contractures assez douloureuses portant sur les mains et les avant-bras : mais aujourd'hui, depuis 6 heures du matin jusqu'à 5 heures du soir, heure où je la visite, contractures excessivement douloureuses. Cette femme jette les hauts cris. Les contractions portent sur les avant-bras et les mains; les points sont violemment fermés; les avant-bras sont durs, comme tuméfiés par la contraction musculaire, tandis que les bras sont souples et mous, comme à l'état normal. Roideur des poignets, saillie des tendons, mobilité de l'épaule et du coude de chaque côté.

Ces contractures permanentes depuis le matin sont plus violentes par instants. Apyrexie; face un peu bouffie (potion extr. de belladone, 0,10).

Cessation des contractures vers les 7 heures du soir, après les deux premières cuillerées de la potion. Il existe, à la partie moyenne et antérieure de l'avant-bras droit, une large ecchymose de la largeur de la paume de la main, qui paraît toute récente. La femme Mabru ne s'en était point aperçue. Il n'y en a pas sur le reste du corps. Avant de me retirer, je fais uriner cette femme, et j'emporte de son urine, croyant bien y trouver de l'albumine. Traitée par acide et chaleur, avec et sans acide acétique, elle n'est nullement albumineuse. J'ai répété plusieurs fois l'expérience.

Le 12, neuf heures du matin, la malade a bien dormi. Elle sent quelques crampes dans ses mains; par moment, elles sont comme mortes, mais elle n'y souffre pas. Elle voit mieux qu'hier. Je remarque que les membres inférieurs, tout le dos et le ventre sont fortement infiltrés; œdème dépressible; il n'y en a pas encore eu aux bras. Elle passe la journée du 12 sans contracture, et termine sa potion de belladone le soir. Urines examinées à la chaleur, non albumineuses.

Le 13, contractures depuis 6 heures du matin jusqu'à 5 heures du soir. Toute la matinée, vue trouble qui se dissipe vers le soir par l'emploi de la potion belladonée qu'elle reprend à 1 heure. Urines non albumineuses.

Le 14, peu de contractures dans la journée, douleurs de parturition à 8 heures du soir. Accouche le 15, à 3 heures du matin, sans accidents de contractures, ni d'éclampsie, d'une fille forte et en bon état. Je la vois à 10 heures : beaucoup d'oppression, toux fréquente, respiration avec un peu de râle trachéal; la faiblesse de la malade m'empêche d'ausculter.

Enflure des jambes diminuée de moitié : dans la journée, la figure s'est enflée davantage; le soir, de quatre à neuf heures, contractures revenues, mais moins fortes et moins douloureuses. Elle a pu ouvrir les doigts en forçant un peu. La sage-femme n'a pas pu avoir d'urine. Troubles de la vue dans la journée.

Le 16. J'ai fait extraire de l'urine avec la sonde. Urines du matin, mêmes caractères physiques, avec beaucoup de mucus, sans albumine. Même oppression; à l'auscultation, râle ronflant et sibilant dans toute l'étendue de la poitrine. Nulle part épanchement, ou crépitation. Peu de fièvre. L'ecchymose constatée avant l'accouchement à l'avant-bras, a presque disparu.

Le 18, oppression continuelle; obligée d'être assise; membres inférieurs demi-infiltrés; face assez bouffie. La malade dit que ses yeux se troublent; dans l'après-midi, un peu de fièvre, les seins commencent à gonfler. Absence de contractures depuis trois jours. Les urines examinées avec le plus grand soin par acide et chaleur ne sont nullement albumineuses.

Le 21, *le lait n'est pas monté*. Même oppression, enflure considérable de la main gauche, moins forte à la droite; pieds très-enflés; face bouffie ; toux avec nausées ; même trouble de la vue. Urines transparentes, moins colorées et non albumineuses.

L'état de la malade empire les jours suivants, et on la porte à l'hôpital dans mon service.

La femme Mabru est morte le 16 avril, toujours hydropique. Les urines, régulièrement examinées, n'ont jamais été albumineuses.

A l'autopsie, le foie était hypertrophié, légèrement bosselé, et déformé sur toute sa surface ; membrane fibreuse, blanchâtre, épaissie ; à la coupe, le foie présente un fond chocolat, semé de grosses granulations blanchâtres, irrégulières ; il est comme marbré granité. Reins un peu volumineux et décolorés ; capsule s'enlevant avec une facilité extrême. La surface du rein ainsi dénudée présente partout les petits grains jaunâtres, connus sous le nom de grains de semoule. Le cortex est d'un blanc sale ; il paraît altéré. Pyramides violacées.

Cette observation renferme plus d'un enseignement. Les contractures présentent un epiphénomène très-curieux. Puis nous retrouvons ici plusieurs symptômes fréquents dans l'albuminurie, tels que les troubles de la vue, etc. De plus, avec les lésions rénales, telles qu'elles ont été constatées, on trouve souvent de l'albuminurie. Pourquoi a-t elle fait silence chez la femme Mabru ? N'est-on pas en droit de considérer ce fait comme un cas du mal de Bright sans albuminurie ?

Obs. XXIII. — Claudine Gilbert, 34 ans, entre le 1er avril 1856 à l'Hôtel-Dieu (observation recueillie par M. Sambon, interne).

Mariée depuis dix ans, mère de deux enfants bien portants, ses deux premières grossesses ayant été fort heureuses.

Malade seulement depuis huit mois ; pas de maladies antérieures. C... G... était enceinte depuis deux mois, lorsque, le 15 septembre dernier, elle reçut la pluie sur le dos pendant plus d'une heure, les pieds nus.

Le lendemain, prise de fièvre et de courbature, et de toux les jours suivants. Un mois après, enflure débutant par les pieds et arrivant successivement jusqu'à la poitrine. Pendant ce premier mois, douleurs dans les flancs, grande oppression ; urines abondantes et fréquentes : elle urinait toutes les demi-heures.

L'enflure est restée bornée aux jambes pendant le premier mois, puis elle est devenue presque générale, les bras et la figure exceptés. Son ventre était énorme ; elle a remarqué que l'œdème ne conservait pas l'impression du doigt, ce qui la rassurait, parce qu'elle avait entendu dire que cette espèce d'hydropisie n'était pas *mauvaise*.

Accouchée le 28 février d'un enfant mort, trois jours après, l'enflure disparaît. C... G... se relève au bout de huit jours ; elle prend froid ; la main droite et la figure enflent, et l'oppression redevient plus grande ;

bientôt pleurodynie droite et œdème des jambes. Un médecin est appelé ; vésicatoire sur l'estomac. L'enflure disparaît, mais l'oppression devient plus grande. Elle vient à l'Hôtel-Dieu.

2 avril. La femme G... se présente dans l'état suivant : figure pâle, un peu boursoufflée ; teinte albuminurique ; oppression notable ; emphysème considérable pulmonaire avec voussure du thorax, effacement des creux sur et sous-claviculaires ; râles sibilants généralisés ; respiration difficile et prolongée : absence d'enflure.

Les urines sont examinées tous les jours par acide et chaleur ; elles n'offrent pas la moindre trace d'albumine.

Au bout de quelques jours, il survient de l'enflure aux jambes. La femme G... est évidemment dans un état grave de maladie ; elle souffre beaucoup à raison de son oppression ; ne voulant pas mourir à l'hôpital, elle sort le 10 avril.

Vu les commémoratifs, je m'attendais à trouver chez la femme G... une albuminurie puerpérale, et contre toutes mes prévisions, l'examen répété des urines a démontré tout le contraire. Et cependant, en rapprochant ce fait des nombreux faits d'hydropisies puerpérales qui ont été publiés, et en particulier de mes observations personnelles (obs. VI), on ne peut s'empêcher d'être frappé non-seulement de la similitude, mais encore de l'identité de ce cas morbide avec le mal de Bright puerpéral, et l'on est tenté de dire que c'est bien là la même maladie, la lésion rénale ayant fait silence par exception, et d'autres localisations morbides ayant prédominé sur les poumons et peut-être aussi sur le foie.

OBS. XXIV. — Fille Enjobert, 23 ans, entrée à l'Hôtel-Dieu de Clermont-Ferrand, le 18 mars 1856.

Domestique chez une tripière depuis un an, elle a, dit-elle, continuellement les mains dans l'eau. Pas de maladies antérieures notables ; grosse fille, bien musclée, à tempérament sanguin.

Malade seulement depuis huit jours, elle avait ses règles depuis trois jours plus fortes que d'habitude, lorsqu'elle s'est aperçue que sa figure enflait. Œdème des jambes quelques jours plus tard.

A son entrée, nous constatons une anasarque. La figure est très-bouffie ; les membres supérieurs et inférieurs sont modérément œdématiés, ainsi que le tronc ; œdème ne conservant pas l'impression digitale. Dyspnée très-apparente, notable, existant depuis le premier jour de sa maladie ; on ne trouve rien à l'auscultation des poumons et du cœur. Elle ne souffre des reins que depuis son entrée à l'hôpital. La pression est douloureuse au niveau du rein droit, aux lombes, sur le flanc, et à travers la paroi du ventre. En arrière et au niveau du rein droit, il existe un empâtement très-notable de la peau et du tissu cellulaire sous-cutané. D'après les dires de la malade, les urines ont été plus épaisses et un peu rouges depuis le commencement; elle a uriné plus souvent que d'habitude. Un peu de brouillard dans la vue depuis trois jours; envies de vomir, la nuit dernière. Anorexie. La malade n'a pas de fièvre. Elle ne se plaint que de sa suffocation. Potion stibiée, 0,10. Potages.

20 mars. La malade a vomi, et est allée à la selle plusieurs fois. Elle se trouve soulagée pour la respiration; elle paraît en effet beaucoup moins oppressée.

Hier, les urines ont été examinées; par l'acide, léger nuage blanc suspendu, le liquide inférieur étant coloré en rose; par la chaleur, trouble opalin notable, se convertissant en flocons albumineux légers, quelques instants après. Aujourd'hui, elles ne sont plus troublées par l'acide; elles sont seulement rosées; la chaleur ne détermine qu'un léger trouble opalin, sans flocons consécutifs.

Même traitement.

21. La malade se dit toujours moins oppressée. Elle se plaint des reins, où la pression continue à être douloureuse dans toute la demi-ceinture droite.

Même empâtement de la peau du côté droit. L'anasarque ne diminue pas. Urines citrines, claires, un peu vertes, devenant légèrement opalines par l'acide; pas la moindre trace d'albumine par la chaleur, avec ou sans acide acétique. Julep gommeux, potages.

22. Même état général. Quelques brouillards dans la vue. Même pression douloureuse autour du rein droit. L'acide colore en rose les urines, léger trouble opalin par la chaleur.

24. La malade commence à se lever toute la journée. L'oppression a disparu. Les urines ne sont plus citrines; elles sont entièrement décolorées, comme de l'eau. A partir de ce jour, jusqu'à sa sortie, elles ont toujours été complétement anémiques, se colorant en rose léger par l'acide, et ne se troublant nullement par la chaleur.

27. L'anasarque a presque entièrement disparu. Ainsi que l'empâtement lombaire. Mange le quart depuis 3 jours.

La pression est encore douloureuse au niveau du rein droit.

Jusqu'au 6 avril, amélioration graduelle. La douleur du rein droit a diminué successivement.

Sortie quelques jours après. Les urines ressemblaient toujours à de l'eau, sans offrir la moindre trace d'albumine.

Nous voyons dans cette observation l'albuminurie se présenter avec un caractère essentiellement fugace et léger. Pendant trois ou quatre jours, l'acide et la chaleur n'ont pu révéler que quelques traces d'albumine, et cependant la maladie n'en a pas moins continué son cours, l'anasarque n'ayant disparu que plus tard, et la douleur lombaire ayant persisté, pour ainsi dire jusqu'à la fin. Ici l'albuminurie a été loin d'être le symptôme notable et dominant. Rapprochez ce fait de l'observation du soldat Yvon (obs. XX), où l'albuminurie a fait silence, comparez-le encore avec d'autres faits analogues, où l'albuminurie a été plus durable et plus abondante que chez la fille Enjobert, et l'on arrive à constituer, pour ainsi dire, une véritable échelle albuminurique depuis 0 jusqu'à 100, et pendant que l'albuminurie varie suivant tous les degrés de cette échelle, soit qu'elle soit nulle, légère ou abondante, transitive ou durable, les états morbides dont elle n'est qu'une expression variable et contingente n'en appartiennent pas moins à la même espèce pathologique, à raison de leur étiologie, de leur marche et de leur ensemble symptomatologique. C'est du moins la conclusion logique à laquelle on arrive, en quittant le point de vue restreint et unique de l'albuminurie pour aborder la question dans son intégralité, en quittant en d'autres termes, la partie pour le tout.

Obs. XXV. *Hydropisie, suite de fièvre intermittente, sans albuminurie au début, en offrant plus tard.* — Femme Bussière, 27 ans, entrée à l'Hôtel-Dieu le 27 octobre 1852.

Il y a un an, à la suite d'un refroidissement, fièvre intermittente quotidienne pendant six semaines, qui devient quarte vers Noël; elle dure jusqu'à Pâques avec œdème des pieds et de la face ; coupée par la quinine.

La fièvre quarte revient en septembre ; entrée avec cette fièvre à l'Hôtel-Dieu, traitée par l'arsenic et la noix vomique ; coupée vers le 20 novembre. Mais alors, développement d'ascite, œdème des membres inférieurs, et au bout de quelques jours, anasarque.

Traitée jusqu'au 11 décembre par la teinture de Fowler ; l'anasarque disparaît.

Sortie le 22 décembre 1852. Pendant son séjour, les urines n'étaient pas albumineuses.

Je ne perds pas la malade de vue. Deux mois après sa sortie, quelques accès de fièvre quarte, coupés par la quinine.

En juin 1853, coliques, maux d'estomac. Depuis sa sortie de l'hôpital, elle a toujours eu çà et là un peu d'enflure tout l'été. Nausées, céphalalgie frontale fréquente, un peu de trouble dans la vue, émission fréquente des urines, enflure variable des paupières, de la face, des pieds, des jambes et des grandes lèvres ; vaque toutefois à ses travaux ; bien réglée. En octobre, j'examine les urines ; elles sont notablement albumineuses.

Le 7 novembre, diarrhée depuis quelques jours ; n'a pas d'enflure, si ce n'est aux paupières et à la face qui est légèrement bouffie. Urines examinées à la chaleur, non albumineuses.

19 novembre, urines notablement albumineuses, par acide et chaleur.

7 décembre, œdème variable çà et là ; toujours mal aux reins ; de temps en temps, contractures passagères des extrémités supérieures durant cinq minutes. Urines albumineuses, toujours pâles et un peu troubles.

5 janvier 1854, même état général ; l'albuminurie persiste.

10 janvier, alitée depuis quelques jours, avec nausées et vomissements, attaque avec convulsions générales et perte de connaissance, depuis dix heures du matin jusqu'à cinq heures du soir. Pendant les trois jours suivants, diminution très-notable de la vue.

15 janvier, alitée ; céphalalgie, bouffissure ; urines albumineuses.

20 février. J'ai revu la femme Bussière ; elle a repris son ouvrage et sort. A la voir, on ne la dirait pas malade. Elle se plaint toujours des reins, d'un peu de céphalalgie, de fatigue générale ; un peu d'œdème aux paupières seulement. Urines claires comme du petit-lait, à écume persistante quand on agite la fiole, toujours albumineuses par acide et chaleur : albumine dans la proportion d'un huitième.

Depuis deux ans jusqu'à ce moment (avril 1856), j'ai constamment suivi la femme Bussière, et examiné chaque mois ses urines. Elles ont toujours été albumineuses dans la même proportion. Depuis longtemps, elle n'a plus d'enflure, et *paraît* bien se porter ; mais en l'interrogeant avec soin, on constate un grand nombre de symptômes albuminuriques, tels que diarrhée fréquente, somnolence, lumbago, émission fréquente des urines pendant la nuit, soif habituelle, pleurodynie droite, bouche empoisonnée, nausées, etc.

La femme Bussière est toujours bien réglée ; très-active, elle fait elle-même son ménage, et se livre aux travaux de la couture, pour gagner sa vie. Elle offre, à l'heure qu'il est, un bel exemple d'albuminurie latente, remarquable du reste par sa chronicité et les nombreux symptômes qui l'accompagnent.

Cette observation importante prouve que les hydropisies primitivement sans albuminurie peuvent plus tard en offrir : observation qui est le lien entre ces deux espèces d'hydropisies, et qui démontre encore que, dans la maladie de Bright considérée comme désalbumination du sang, avec ou sans albumine dans les urines, la lésion rénale peut n'être pas primitive. L'observation quinzième, empruntée au professeur Frerichs, vient encore à l'appui de ce fait.

Mais le médecin russe Mazonn nous fournit sur cette question des détails trop intéressants et des faits nécropsiques trop importants pour les passer sous silence.

« Il est des hydropisies, dit-il, qui, dans leur mode de développement et leur marche, ne sont pas seulement *semblables* au mal de Bright, mais lui sont complétement identiques, n'en différant que par l'absence de l'albuminurie; ex : les hydropisies qui se développent *rapidement* à la suite des fièvres intermittentes, ou l'hydropisie aiguë à la suite de refroidissement.

« Mon service d'hôpital contient 70 lits : souvent une vingtaine de lits sont occupés par des hydropiques. Quelquefois le même jour, il entre plusieurs cas d'hydropisies développées *dans le même temps, sous les mêmes influences saisonnières,* et *dans les mêmes conditions sociales. Or, les unes offrent de l'albuminurie, les autres n'en ont pas.* Dans le premier cas, prolongation et pertinacité de la maladie; dans le deuxième cas, guérison la plupart du temps.

« Il est essentiel d'étudier l'état des reins dans ces hydropisies si semblables à celles de Bright. Depuis que je m'occupe de cette question, j'ai constaté *fréquemment* l'existence des reins graisseux. En voici trois exemples :

« 1° E. L..., homme de forte constitution, 49 ans, pris trois mois avant sa mort de fièvre intermittente quotidienne. Au bout de quinze jours, œdème des pieds et du scrotum qui a persisté jusqu'à la mort. Pendant le dernier mois, violente diarrhée séreuse, et pendant tout ce temps, malgré l'examen le plus sévère, pas d'albuminurie.

« A l'autopsie, commencement de cirrhose du foie; reins altérés, assez volumineux, pesant six onces et demie, pâles; graisse périphérique abondante; substance corticale très-développée; tissu graisseux, jaunâtre comme dans le deuxième degré du mal de Bright (dégénérescence jaunâtre).

« 2° N..., maçon, 40 ans, six semaines avant sa mort, pris de fièvre tierce; elle disparait au bout de dix jours, pour faire place à l'œdème des extrémités; épanchements rapides dans les cavités; forte diarrhée; pas d'albuminurie.

« A l'autopsie, reins presque durs, peu volumineux, bosselés; substance corticale lardacée (espèce de dégénérescence jaunâtre décrite par les médecins allemands) (*Speknieren*); substance tubuleuse paraissant normale.

« 3° — N..., maçon, 42 ans; pris, trois mois avant sa mort, à la suite d'un bain de vapeur suivi de l'ingestion de bière froide, d'enflure des pieds et du scrotum. Plus tard, épanchements dans les cavités; *pas d'albuminurie.*

A l'autopsie, cirrhose du foie : reins au premier degré du mal de Bright.

« Nous voyons donc, poursuit Mazoun, dans la première observation, le type du deuxième degré du mal de Bright sans albuminurie; dans la seconde, le type des reins lardacés, et dans la troisième, le premier degré du mal de Bright, le tout sans albuminurie.

« Il faut donc admettre que les reins graisseux ne sont point une lésion rénale de Bright, ou que, dans ces cas, il existe une véritable maladie de Bright *sans albuminurie*. Je penche vers cette dernière opinion. »

Mazoun, en admettant cette opinion, se fonde principalement sur les symptômes et la marche identique, et surtout sur la dégénérescence du foie (cirrhose), caractère également dominant dans le mal de Bright.

Ces faits signalés par Mazoun avaient déjà été entrevus, il faut bien le dire, par le docteur L. Barre, de Montpellier. Dans une monographie remarquable sur la maladie de Bright (1), ce médecin distingué cite précisément une observation (obs. 7) qui a la plus grande analogie avec celles de Mazoun; en voici le sommaire :

— « Pierre Salvagnac, 28 ans. Constitution faible et lymphatique. Habitation prolongée dans un lieu bas et humide, exposition fréquente à toutes les intempéries de l'air. Fièvres intermittentes répétées, coexistant plus tard avec une hypertrophie du cœur et une bronchite. Œdème à la surface et autour des malléoles, ascite; urines albumineuses cessant de l'être sans que la maladie s'amende. Mort environ deux mois après l'apparition de l'hydropisie; lésions du cœur, du foie, de la rate, etc., en même temps que dégénérescence jaune des reins. »

Notons que l'albuminurie n'a été constatée qu'une seule fois dans la réaction d'un accès de fièvre et seulement par l'acide nitrique, tandis que l'autopsie révélait des traces manifestes de lésions rénales de Bright (2).

M. Barre considère ce fait comme sans analogue dans la science, et il en conclut que les altérations des reins décrites

---

(1) *Recherches cliniques et philosophiques pour servir à l'histoire de la maladie de Bright*. Montpellier, 1842.

(2) Il est très-possible qu'il n'y ait pas même eu d'albuminurie dans ce cas. Dans les urines fébriles, l'acide nitrique détermine souvent un précipité d'urates, qui disparaît par la chaleur, véritable critérium de la présence de l'albumine.

par Bright peuvent exister sans que l'urine devienne albumineuse.

« Le seul fait, dit M. Martin Solon, qui pourrait détruire la connexion qui existe entre l'affection rénale et l'albuminurie, serait l'existence de la dégénérescence rénale bien caractérisée sans albuminurie. Nous n'en connaissons pas d'exemples. »

Il est permis de soutenir aujourd'hui que ces faits existent incontestablement; ils ont été signalés par M. Barre, et par Mazonn. J'ai moi-même cité une observation à l'appui (Obs. XXII).

Tous ces faits et d'autres connus encore, qu'il est inutile de rappeler ici, diminuent de beaucoup l'importance diagnostique du symptôme albuminurie, et permettent d'envisager la question du mal de Bright sous un jour tout nouveau.

L'albuminurie n'est donc point un symptôme essentiel, pathognomonique du mal de Bright, puisqu'il existe des maladies de Bright avec lésions rénales caractéristiques, sans albuminurie, et n'y a-t-il pas aussi des maladies de Bright avec l'appareil symptomatologique le plus complet, et où l'albuminurie n'est pour ainsi dire qu'un accident fugace, faible et transitoire?

Il faut aller plus loin et dire encore : il est aussi des maladies de Bright sans lésions rénales et sans albuminurie.

Ces propositions bouleversent, il est vrai, bien des idées reçues; mais ces idées qui ont eu cours jusqu'à présent ne sont réellement plus soutenables en présence des faits.

Pour juger la maladie de Bright, on s'est placé au point de vue d'un organicisme trop étroit. Contre toute règle de bonne nosologie, on est toujours resté dans l'impasse d'un seul symptôme, l'albuminurie, d'une seule lésion, la lésion rénale, sans songer que les maladies, et surtout les maladies générales, ne peuvent être légitimement classées en se fondant sur un caractère isolé quelles que soient son importance et sa fréquence même. Ceci est surtout applicable au mal de Bright, qui se traduit par une foule de symptômes et de lésions différentes. Là, comme dans beaucoup d'autres espèces morbides, le symptôme le plus habituel, la lésion la plus fréquente peuvent faire silence : ne voit-on pas, par exemple, le mal de Bright scarlatineux exister quelquefois sans albuminurie, et par conséquent sans lésion rénale, à moins qu'on ne veuille, contre tout bon sens nosologique, faire une nouvelle maladie de ces anasarques scarlatineuses, où le symptôme albuminurie manque à l'appel. On ne peut réellement pas affirmer ou nier une espèce nosologique sur la présence ou l'absence d'une seule lésion, ou d'un seul symptôme, surtout dans le cas de maladie générale. Il est bon de rappeler à cette heure ces principes de nosologie, surtout en présence de la discussion sur la *leucémie*, cette autre aberration de l'organicisme moderne qui s'essaie sur une simple lésion microscopique, même contestable, à introduire une nouvelle maladie, qui n'est au fond, qu'une lésion commune à beaucoup d'espèces morbides, et au mal de Bright en particulier.

Que si maintenant nous comparons tous les faits précédents aux travaux de MM. Becquerel et Rodier, sur les hydropisies, suites de la diminution de l'albumine du sang (V. *Gazette médicale*, 1850), nous y trouverons des rapports frappants qui vont jeter une grande lumière sur la question présente.

Ces médecins ont établi le fait d'anémie albuminurique, ou de désalbumination du sang dans les anasarques aiguës, dans le mal de Bright, dans les différentes cachexies, suites de fièvres intermittentes, d'hémorrhagies, etc., dans les maladies du cœur.

De ces travaux importants, il résulte donc qu'il faut admettre aujourd'hui deux espèces d'hydropisies, les unes avec albuminurie, les autres sans albuminurie;

Et que le diagnostic entre ces deux ordres d'hydropisies, repose tout entier sur la présence ou l'absence d'albumine dans les urines.

Que l'on compare toutes les observations d'hydropisies sans albuminurie, hydropisies, soit aiguës, soit chroniques, on verra toutes ces hydropisies se développer dans les mêmes circonstances étiologiques que les hydropisies de Bright (refroidissement, alimentation insuffisante, fièvres intermittentes, etc.).

Que l'on compare aussi, au point de vue des symptômes, les hydropisies sans albuminurie avec les hydropisies de Bright, étudiant surtout analytiquement en se reportant à la symptomatologie si complète que j'ai donnée, on sera frappé de l'identité. L'histoire symptomatologique des hydropisies sans albuminurie est absolument la même que celle des hydropisies de Bright. On y retrouve de part et d'autre la céphalalgie, l'amaurose, les accidents gastriques, la décoloration des tissus, l'œdème et ses variations, etc., tous les symptômes, excepté l'albuminurie, qui est particulière aux hydropisies de Bright.

Comme preuve de cette identité symptomatologique, j'en

appelle surtout à l'observation de la femme Mabru (obs. XXII) : qu'on lise attentivement cette observation, et en présence de ce seul fait, ou sera naturellement frappé de l'identité des symptômes ; œdème de Bright, amaurose de Bright, emphysème si fréquent dans la maladie de Bright (77 fois sur 292, d'après Frerichs), tout s y retrouve, jusqu'au phénomène si remarquable de contracture que j'ai constaté chez la femme Ducroix atteinte d'albuminurie puerpérale passée à l'état chronique (obs. IX).

Mais ce qui corrobore puissamment ma thèse, c'est l'observation si curieuse de la femme Bussière (obs. XXV), qui prouve que les hydropisies, suites de la désalbumination du sang, peuvent au début n'offrir aucune trace d'albuminurie pendant un long temps, et finir par en présenter notablement, comme dans les hydropisies de Bright.

Donc *les hydropisies primitivement sans albuminurie, peuvent devenir plus tard des hydropisies de Bright, des hydropisies albuminuriques*; il y a donc identité de causes, identité de symptômes, identité d'évolution, les premières égalant, ou pouvant devenir les secondes par le fait de l'albuminurie.

Et en d'autres termes, qu'est-ce à dire, sinon que le mal de Bright a commencé dans les hydropisies non albuminuriques à manifester ses localisations morbides, non point sur les reins, mais sur le poumon, le foie ou la rate, par exemple, et que, contre son habitude, il n'a déterminé que plus tard les lésions rénales, et par contre l'albuminurie. Et ainsi, nous arrivons, par l'observation exacte, à généraliser de plus en plus la maladie de Bright et à dire qu'elle existe avec et sans albuminurie.

La maladie de Bright, c'est *la désalbumination du sang.*

Cette désalbumination du sang se traduit le plus souvent par la présence de l'albumine dans les urines ; quelquefois ce symptôme manque, quelquefois il se révèle plus tard. N'est-il pas prouvé aujourd'hui que les trois quarts des hydropisies sont des hydropisies avec albuminurie, des hydropisies de Bright ?

De même que la désalbumination du sang existe, avec ou sans albuminurie, de même elle existe avec ou sans œdème. Ne sait-on pas aussi qu'il existe un tiers au moins de maladies de Bright sans œdème ?

Les maladies de Bright sans œdème sont identiques avec les maladies de Bright avec œdème : impossible d'en faire deux maladies différentes à raison de la présence ou de l'absence de l'hydropisie. De même il est impossible de faire deux maladies distinctes des hydropisies avec albuminurie et des hydropisies sans albuminurie, en se fondant sur l'absence ou la présence de ce symptôme (1).

Les maladies se différencient principalement par l'étiologie, la marche et le *concours des symptômes* ; c'est par leur ensemble, leur expression totale, qu'elles se caractérisent, et non par la dissection minutieuse d'un symptôme isolé, ou une lésion anatomique plus ou moins constante.

Ces considérations générales viennent éclairer une difficulté sur les rapports de l'éclampsie avec l'albuminurie puerpérale. L'éclampsie est presque toujours accompagnée d'albuminurie, comme nous le verrons plus tard ; mais aussi, il est incontestable aujourd'hui qu'il existe des éclampsies puerpérales sans albuminurie. Or, l'éclampsie, comme je le prouverai, n'étant autre chose que le mal de Bright puerpéral compliqué de convulsions, convulsions qui lui sont familières, même hors l'état puerpéral, il n'est pas étonnant de rencontrer des éclampsies sans albuminurie, puisqu'il existe aussi des maladies de Bright sans albuminurie.

Mais comment se fait-il qu'il y ait des maladies de Bright avec et sans albuminurie pendant tout leur cours ? comment se fait-il, en d'autres termes, que la désalbumination du sang qui existe aussi bien dans le mal de Bright proprement dit, ou classique, que dans les hydropisies sans albuminurie de MM. Becquerel et Rodier, comment se fait-il que cet état pathologique général qui se traduit par la même étiologie, la même marche, les mêmes symptômes, offre d'un côté de l'albuminurie, et de l'autre n'en présente pas ?

Nous sommes ici tout à fait sur un terrain inconnu. On peut dire, dans l'état actuel de la science, que nous ignorons complétement ce *moment*, ce *processus* intime, comme disent les médecins allemands, processus de la fuite de l'albumine par les urines dans un cas, processus de son absence dans l'autre. C'est à une observation plus attentive qu'il faut réclamer le *fiat lux*, si c'est possible.

---

(1) Il est clair qu'il n'est pas question ici des hydropisies, suites de l'oblitération, ou compression des veines, etc. Je ne parle que des hydropisies, suites de la diminution de l'albumine du sang, dont il est question dans le Mémoire de MM. Becquerel et Rodier.

Toutefois, les considérations suivantes pourront peut-être jeter quelques lumières sur ce point obscur :

1° Il est constant, d'après les observations du médecin russe, Mazonn, qu'il existe, dans les cas de maladies de Bright sans albuminurie qu'il a cités, de *véritables lésions rénales*, lésions rénales de Bright : donc, d'après ces faits, les seuls connus à l'heure qu'il est, l'identité entre les hydropisies sans albuminurie et les hydropisies de Bright serait complète, même au point de vue de la lésion. Mais d'où vient que ces reins lésés observés par Mazonn ne laissaient pas échapper d'albumine? Je n'en sais rien. Comme aussi l'on ne peut pas savoir pourquoi l'albuminurie fait silence pendant huit, quinze jours et plus, comme je l'ai prouvé dans l'observation de la femme Sapt (obs. XVI) ; ici encore il faut en appeler à de plus amples observations.

2° Le mal de Bright, étant une maladie générale, présente, ce qui, du reste, est prouvé par les faits, une foule de lésions différentes. Quoique la lésion rénale soit la plus fréquente, on ne voit pas pourquoi elle ne ferait pas silence quelquefois. Après les lésions rénales, Frerichs a prouvé que les lésions les plus fréquentes étaient celles du cœur, 99 fois, l'emphysème, 77 fois, le foie, 46 (dont 24 cirrhoses), la rate, 30 fois sur 292 autopsies relevées. On ne voit pas pourquoi l'on exigerait de la maladie de Bright de présenter toujours une lésion rénale comme signe pathognomonique, comme condition *sine qua non*. N'y a-t-il pas d'autres maladies générales, où les lésions caractéristiques manquent quelquefois exceptionnellement? L'éruption intestinale, par exemple, est-elle *toujours constante* dans la fièvre typhoïde, et irons-nous refuser le nom de fièvre typhoïde à ces fièvres graves, semblables pour la marche et les symptômes à la *dothinentérie*, parce qu'il n'y aura pas eu de diarrhée et d'éruption intestinale bien marquées? C'est là pourtant où l'on serait conduit, si l'on voulait faire de la lésion habituelle une condition *sine qua non*. C'est là, pour le dire en passant, où nous conduirait l'école *organopathique* qui ne juge que par des lésions matérielles, qui se perd dans les détails anatomo-pathologiques, et base tout un diagnostic sur ce *seul côté*, cette seule face de la maladie.

Mais en admettant, ce qui est du reste l'histoire de toutes les maladies générales, que le mal de Bright peut par exception ne pas offrir de localisations dominantes sur les reins, que ses diverses lésions peuvent prédominer sur le foie, la rate, les poumons, le cœur, etc., alors tout s'explique, et nous comprenons pourquoi l'on a trouvé des hydropisies générales dans les affections chroniques des voies respiratoires, dans l'emphysème, par exemple, avec et sans albuminurie ; nous comprenons un peu mieux la question de l'albuminurie dans les maladies du cœur, et nous concevons alors que le cœur peut être primitivement malade, et les reins plus tard, ou même ne l'être pas. Ainsi, comme dans l'observation de la femme Hasard (obs. VI), le cœur peut être lésé d'emblée avec les reins, ou même ne l'être que consécutivement, et nous comprenons aussi les cas rares d'endocardites aiguës avec les hydropisies sans albuminurie, mais hydropisies, suites de la diminution de l'albumine du sang, cas cités par MM. Becquerel et Rodier, ainsi que la cirrhose avec ou sans albuminurie.

On le voit, ces considérations générales sont fécondes, et en quittant l'*impasse* de la lésion rénale, on aborde immédiatement un vaste horizon où tout se coordonne et s'explique, sans sortir du terrain de l'observation exacte, et en invoquant toujours les faits, base de toute théorie et de toute synthèse.

J'en ai dit assez : je crois avoir fait quelques pas, posé quelques jalons sur un terrain inconnu. A d'autres, et à moi aussi, d'ouvrir plus tard une route plus sûre et mieux battue.

On comprendra facilement que j'ai eu besoin d'entrer dans ces considérations générales, à propos de l'albuminurie puerpérale et de ses rapports avec l'éclampsie. Ces considérations générales pouvaient seules résoudre les difficultés qui se rattachent à cette question.

CHAPITRE SIXIÈME.

Rapports de l'éclampsie avec l'albuminerie puerpurale.

Avant de déterminer les rapports de l'éclampsie avec l'albuminurie puerpérale, avant de prouver que l'éclampsie n'est autre chose, dans la très-grande majorité des cas, que le mal de Bright puerpéral compliqué de convulsions, telles qu'il en arrive si fréquemment dans les autres formes du mal de Bright, il faut bien préciser la question, et savoir ce que l'on doit entendre par éclampsie puerpérale.

Toutes les convulsions puerpérales ne sont pas de l'éclampsie. Il faut d'abord mettre de côté les convulsions hystériques;

or, l'hystérie peut se rencontrer dans la grossesse. Ces convulsions sont plus fréquentes dans le premier trimestre de la grossesse, *période nerveuse* de l'accoucheur Peu. On sait aussi que c'est dans cette période que se développe souvent la chlorose des femmes enceintes ; or, on connaît la liaison intime qui existe entre la chlorose et l'hystérie. Pour l'éclampsie, elle est rare avant le quatrième mois : M. Depaul en a cité un cas tout à fait exceptionnel.

Il faut encore mettre de côté les convulsions épileptiques ; une femme épileptique peut aussi l'être dans la grossesse : M. Prestat en a donné une observation dans sa thèse. L'épilepsie peut exister avant, pendant et après la grossesse ; Braun en a cité quatre observations.

Dans un article récent sur les convulsions puerpérales (1), article qui me semble plutôt frappé au coin de l'imagination que de l'observation exacte, M. Gendrin divise les convulsions puerpérales en hystérie, en épilepsie et en éclampsie, réservant ce dernier nom aux accidents convulsifs compliquant l'accouchement. Cela n'est point admissible ; car l'éclampsie peut apparaître plusieurs mois, plusieurs semaines et plusieurs jours avant l'accouchement, avant tout commencement de travail, comme aussi se développer pendant et après les suites de couches. Sur 44 cas d'éclampsie, Braun cite 12 cas avant l'apparition du travail, 11 cas pendant la dilatation du col, 10 cas dans la période d'expulsion, et 8 cas dans les suites de couches. En outre, dans une question si importante, M. Gendrin passe complétement sous silence les rapports de l'éclampsie avec l'albuminurie, et se contente de dire que les femmes appartenant à des familles dans lesquelles il y a de l'épilepsie, de l'hystérie, ou de l'aliénation mentale, sont plus prédisposées que les autres aux accidents éclamptiques. Et les femmes grosses infiltrées, quelle place occupent-elles dans cet ensemble étiologique ? N'est-il pas prouvé mille fois que c'est dans ces circonstances que se développe le plus souvent l'éclampsie ? Or, les femmes *infiltrées* dans la grossesse sont le plus ordinairement *albuminuriques*. M. Gendrin semble faire jouer en outre à l'épilepsie un grand rôle dans les convulsions puerpérales ; or, c'est une forme de convulsions rare dans la grossesse, comme épilepsie pure.

Il faut aussi mettre de côté la chorée. M. Grisolle lui assigne la grossesse comme cause possible.

---

(1) *Gazette des Hôpitaux*, 1854, numéros 1 et 5.

Rayons encore et le tétanos, et la catalepsie, et l'apoplexie, maladies qui ont été parfois confondues avec l'éclampsie et certaines convulsions, suites d'empoisonnement. Notons toutefois que certaines apoplexies peuvent être symptomatiques du mal de Bright, comme il a été dit dans la description des accidents cérébraux de l'albuminurie.

Ainsi, l'éclampsie puerpérale n'est ni l'hystérie, ni l'épilepsie ordinaire, ni la chorée, le tétanos, l'apoplexie idiopathique, ou la catalepsie. C'est une forme convulsive spéciale, bien connue du reste de tous les accoucheurs. Je n'ai pas besoin de la décrire, et c'est justement cette forme convulsive qu'il faut rattacher à la maladie de Bright.

L'éclampsie est une maladie rare. M. Cazeaux a fait un relevé de 38,306 accouchements, sur lesquels on n'a constaté que 79 cas de convulsions éclamptiques, c'est-à-dire 1 sur 485, et K. Braun, sur 24,000 accouchements, n'a compté que 52 cas de convulsions.

Examinons maintenant la question des rapports de l'éclampsie avec l'albuminurie puerpérale ou le mal de Bright; car j'ai prouvé que c'était synonyme.

MM. Lever et Stuart Cooper ont nié les rapports de l'éclampsie avec l'albuminurie puerpérale. D'autres l'ont nié aussi; puis on a disserté et discuté beaucoup à l'effet de savoir si l'albuminurie était cause de l'éclampsie, témoin la discussion qui a eu lieu à l'Académie impériale de médecine entre MM. Depaul et Cazeaux. On en appelle aujourd'hui aux lumières de l'observation sur les points litigieux. Je vais d'abord essayer de prouver l'identité de l'éclampsie et du mal de Bright, puis je dirai quelques mots sur l'albuminurie considérée comme cause d'éclampsie.

De même que pour la question d'albuminurie puerpérale, je prouverai ma thèse par la symptomatologie, la marche et l'histoire des lésions anatomiques. Ce sera l'objet des articles suivants que je numéroterai pour plus de clarté.

I. L'éclampsie a presque toujours des prodromes. Chaussier soutenait que les cas contraires avaient été mal observés. Qu'on lise la description des prodromes dans la thèse de Prestat, description qu'a empruntée M. Cazeaux, et l'on y verra tous les symptômes albuminuriques, la céphalalgie, l'amaurose, la surdité (signalée par Bright), les œdèmes, les accidents thoraciques avec oppression et toux, les accidents gastriques, nausées et vomissements, etc.

Qu'on lise encore le Mémoire de Robert Johns, et ceux de Simpson et de Churchill ; ils insistent sur la céphalalgie, les paralysies à formes diverses et les névralgies, se groupant autour du symptôme éclampsie.

Le prodrome le plus remarquable et le plus fréquent, ce sont les œdèmes. Ce prodrome avait frappé tous les accoucheurs qui ont écrit avant la découverte de Lever. Osiander considérait l'enflure du visage et des mains comme le prodrome de l'éclampsie. — On l'observe, disait Dugès, plus particulièrement chez les femmes enceintes qui sont affectées d'une anasarque considérable, surtout si l'infiltration se propage aux membres supérieurs et à la face. — J'ai la conviction, dit M. Velpeau, que les femmes infiltrées sont fortement exposées aux convulsions. — Si l'œdème des extrémités supérieures arrive, disait Montgomery, il est probable qu'il y aura des convulsions pendant le travail. — C'est donc un fait traditionnel que la relation de l'éclampsie avec l'anasarque. Or, l'anasarque puerpérale n'est-elle pas ordinairement accompagnée d'albuminurie ?

Donc, l'histoire prodromique de l'éclampsie, c'est l'histoire symptomatologique du mal de Bright.

Il suffit en outre de parcourir avec attention tous les faits d'amaurose se rattachant à la grossesse, pour se convaincre de l'identité de l'éclampsie et du mal de Bright puerpéral. Ils sont nombreux dans la tradition, avant comme après la découverte du médecin anglais. J'en ai publié plusieurs, et indiqué un nombre plus considérable encore, et il en existe aussi bien d'autres dans nos archives scientifiques. Or, en analysant ces observations, on voit le symptôme amaurose, tantôt exister seul, tantôt précéder, accompagner ou suivre l'éclampsie, au milieu d'un cortége d'autres accidents familiers au mal de Bright, coïncidant en même temps avec l'albuminurie dans les faits publiés depuis la découverte de Lever. Ici, évidemment l'éclampsie n'apparaît que comme phénomène épisodique, comme symptôme accidentel, et l'observateur intelligent est obligé d'y voir non plus une espèce morbide distincte, qu'il faut conserver dans le cadre nosologique, mais bien un fait symptomatique, contingent, appartenant essentiellement au mal de Bright. J'ai été toujours singulièrement frappé de l'évidence qui ressort de ces faits, et c'est pour moi, je l'avoue, une des plus fortes preuves de l'identité de l'éclampsie et du mal de Bright.

II. L'éclampsie est presque toujours accompagnée d'albuminurie. M. Depaul en a cité cinq exemples exceptionnels (Lever, 1, Paul Dubois, 1, Mascarel, 2, et 1 personnel). Cette exception réelle et incontestable m'est une preuve de plus de l'identité de l'éclampsie avec le mal de Bright, comme je l'expliquerai plus tard. Quoi qu'il en soit de ces exceptions confirmatives du reste de la règle, cette loi de coïncidence de l'éclampsie avec l'albuminurie est remarquable et conclut nécessairement à l'identité que je soutiens, puisque j'ai déjà prouvé l'identité de l'albuminurie puerpérale avec le mal de Bright, nommé si improprement néphrite albumineuse. Je renvoie à mon relevé statistique, où, sur 164 observations, j'ai compté 65 cas d'albuminurie puerpérale sans éclampsie, 94 cas d'éclampsie avec albuminurie, et 5 cas d'éclampsie non albuminurique. La loi de coïncidence de l'albuminurie avec l'éclampsie est donc consacrée par les faits. Les cas exceptionnels seraient dans la proportion d'un vingtième environ.

III. Au point de vue de la terminaison et de la gravité de l'éclampsie, il y a un rapport frappant entre l'albuminurie puerpérale et l'éclampsie. J'ai déjà prouvé, d'après mes chiffres, que, dans la moitié des cas, l'albuminurie puerpérale sans éclampsie était mortelle. Pour l'éclampsie, Mme Lachapelle admet la même proportion. Sur 10 observations d'éclampsie dans la thèse de Prestat, 5 morts. Ces chiffres, je le sais, ne sont point rigoureux; ils peuvent varier. Sur 44 cas d'éclampsie, Braun ne compte que 14 décès; M. Cazeaux n'admet que la proportion d'un tiers; mais cet ensemble de faits n'en prouve pas moins la gravité de l'éclampsie comparée à l'albuminurie puerpérale également grave.

IV. Dans le mal de Bright ordinaire, il y a aussi éclampsie, comme dans le mal de Bright puerpéral. Inutile de détailler ici les faits. J'en appelle aux nombreuses observations de néphrite albumineuse, suite de scarlatine : là, combien de cas de mort cités avec convulsions épileptiformes terminales? Témoin encore tous les travaux des médecins anglais sur les affections comateuses du mal de Bright, les travaux d'Alison et de Barlow en particulier. Je renvoie surtout à la description que j'ai donnée de l'urémie, dont l'histoire n'est autre chose que celle des accidents cérébraux albuminuriques. Cette terminaison par les accidents épileptiformes est également signalée par M. Rayer. Ce qui vient encore confirmer ces rapports, ce sont les travaux récents de MM. Dubois et Cahen sur l'éclampsie des enfants avec albuminurie. Ici encore nous trouvons le mal de Bright des enfants compliqué d'éclampsie comme celui des femmes enceintes. Donc, parmi les nombreux accidents cérébraux albuminuriques, l'éclampsie n'est qu'une forme particulière de ces accidents, une *des faces* de l'histoire cérébro-spinale du mal de Bright.

Et ce qui vient donner une nouvelle confirmation à cette thèse, c'est l'étude même des faits d'éclampsie liés à l'albuminurie post-puerpérale. Jusqu'à présent, on avait cru que l'éclampsie appartenait presque toujours à l'époque de la délivrance dans la grossesse. Mais aujourd'hui, l'horizon s'agrandit; des faits assez nombreux se sont produits qui prouvent l'existence de l'éclampsie dans le mal de Bright se développant à la suite et plus ou moins loin du temps puerpéral. L'éclampsie n'appartient plus uniquement à la grossesse, et surtout au temps de la parturition. On la voit apparaître liée à l'albuminurie, dans les suites de couches, et même longtemps après, alors que le mal de Bright paraît avoir son point de départ dans un état puerpéral antécédent. Bien plus, on voit les convulsions éclamptiques surgir dans les encéphalopathies des enfants et des adultes, et dans les formes diverses du mal de Bright. Qu'est-ce à dire, si ce n'est que l'éclampsie appartient essentiellement à l'histoire du mal de Bright, qu'elle n'en est qu'un symptôme, et parfois une forme prédominante, et que déchue aujourd'hui de son rang traditionnel d'espèce morbide distincte, elle n'est plus appelée qu'à jouer un rôle purement symptomatique.

V. Si réellement l'éclampsie n'est autre chose que le mal de Bright puerpéral avec convulsions épileptiformes, l'anatomie pathologique doit nous révéler les mêmes lésions rénales. Or, les faits connus prouvent incontestablement dans ces cas l'existence des lésions de la néphrite albumineuse. Dans tous les cas d'autopsie d'éclampsie, M. Cazeaux a toujours rencontré les lésions rénales de Bright, ce qui est attesté par M. Rayer, auquel on a montré les pièces. M. Becquerel cite un cas d'autopsie, et M. Cahen, 3 également avec les mêmes lésions. Sur 14 autopsies, M. Braun dit que les reins présentèrent quelquefois les caractères manifestes de l'infiltration graisseuse et de l'atrophie, souvent uniquement une hypérémie plus ou moins grande. Quoi qu'il en soit des exceptions que je ne nie pas, et pour l'explication desquelles je renvoie à la question d'anatomie pathologique que j'ai traitée à propos de l'albuminurie puerpérale, il résulte des faits connus que l'on rencontre le plus souvent dans l'éclampsie les lésions rénales du mal de Bright.

VI. Sur 41 femmes albuminuriques, M. Blot n'a rencontré que sept fois l'éclampsie. C'est une preuve de plus à apporter pour l'identité de l'éclampsie et du mal de Bright ; car le mal de Bright n'est pas toujours accompagné de convulsions épileptiformes. L'éclampsie, liée à l'albuminurie puerpérale, suit nécessairement la règle de fréquence des accidents cérébraux éclamptiques dans le mal de Bright, dont elle n'est que l'expression.

VII. On sait que le mal de Bright puerpéral existe quelquefois sans œdème ; l'éclampsie subit aussi la même loi. Il est des éclampsies qui ne sont nullement précédées ou accompagnées d'hydropisie de la peau. La seule observation d'éclampsie qui me soit personnelle est dans ce cas.

VIII. Plusieurs auteurs ont émis une opinion favorable à ma thèse. M. Cazeaux attribue la cause de l'éclampsie à la lésion organique des reins, ou à l'altération des liquides dont l'albuminurie est le symptôme. Toutefois, il est loin de formuler nettement son opinion. « La lésion locale, dit-il, ou l'affection générale de l'organisme, peuvent sans doute causer l'éclampsie, comme elles avaient déjà produit l'albuminurie ; mais, le plus souvent, elles bornent leur influence à modifier la sécrétion urinaire, sans déterminer aucun trouble nerveux. (J'ai longuement prouvé au contraire l'existence de troubles nerveux, comme paralysies, contractures...) Cela est vrai, continue M. Cazeaux, et, sous ce rapport, M. Blot a eu raison de considérer ces deux états morbides comme simplement concomitants, et non comme la conséquence l'un de l'autre. » Ce qui revient à dire qu'un symptôme, l'*albuminurie*, ne peut pas être cause d'un autre symptôme l'*éclampsie*.

Le professeur Frerichs soutient que la véritable éclampsie des femmes grosses n'existe que chez les femmes atteintes des lésions rénales de Bright, qu'elle est avec ces lésions dans le même rapport que les convulsions et le coma avec le mal de

Bright ordinaire. Il ajoute que l'urine des éclamptiques examinée par lui offre tous les caractères de l'urine albumineuse de la maladie de Bright, ce que j'ai également vérifié. Il rapporte l'éclampsie à sa théorie de l'urémie. Quant aux lésions anatomiques, elles sont, dit-il, peu avancées en général ; il n'y a que le microscope qui puisse les révéler avec précision.

IX. On a fait et l'on peut faire quelques objections contre la thèse que je soutiens :

Première objection. — Il existe incontestablement des éclampsies sans albuminurie ; que devient alors le rapport de l'éclampsie avec le mal de Bright?

Réponse. — Les faits cités sont très-vrais ; ils paraissent exceptionnels ; mais, tout exceptionnels qu'ils sont, il faut les peser. Pour moi, ils sont une preuve de plus de l'identité du mal de Bright et de l'éclampsie. Je renvoie au chapitre *De la maladie de Bright sans albuminurie*. Si la théorie que j'émets à ce sujet est vraie, comme elle semble prouvée par les faits, il va de soi que l'éclampsie, symptôme du mal de Bright, suive cette maladie jusque dans ses déviations, et qu'elle soit parfois non albuminurique, comme le mal de Bright, lui-même.

Deuxième objection. — On a cité des cas d'éclampsie se développant subitement par suite de frayeur. On comprend alors difficilement que dans ce cas, l'éclampsie soit symptomatique du mal de Bright.

Réponse. — Il est difficile de répondre à cette objection jusqu'à plus ample examen. Ces faits, du reste, ne sont qu'exceptionnels, et encore ont-ils été toujours bien observés? N'y avait-il pas quelques prodromes?

Troisième objection. — Il existe des cas d'éclampsie survenant successivement dans plusieurs grossesses chez la même femme. Cette répétition est-elle possible dans la théorie de la néphrite albumineuse?

Réponse. — Pour avoir l'explication de ces faits, il faut rapprocher ces cas d'éclampsie des cas d'amaurose apparaissant ou s'aggravant à chaque grossesse, dont j'ai déjà parlé en décrivant le symptôme amaurose, et dont j'ai rapporté deux observations, l'une appartenant à M. Simpson, l'autre m'étant personnelle (obs. II et III).

X. Quelques mots seulement sur l'albuminurie considérée comme cause d'éclampsie.

1° L'albuminurie qui n'est qu'un symptôme ne peut pas être cause d'un autre symptôme ;

2° Si par albuminurie vous entendez la lésion rénale de la néphrite albumineuse, il est très-vrai que l'éclampsie coïncide ordinairement avec cette lésion, mais est-ce là une cause ? Je n'y vois qu'un rapport.

3° Il est très-vrai que l'éclampsie peut précéder l'albuminurie, comme exister sans elle : donc, cette dernière, comme on l'a dit, n'est pas cause de l'éclampsie.

4° L'éclampsie existant avec et sans albuminurie, et étant, d'un autre côté, liée ordinairement à la lésion rénale de Bright, il n'y a que la théorie du mal de Bright avec et sans albuminurie, ou la désalbumination du sang qui puisse actuellement rendre compte des faits, et répondre aux objections diverses.

Loin de moi du reste la pensée, en émettant la théorie de la désalbumination, de vouloir lui attribuer une importance plus grande qu'elle n'en mérite. J'ai déjà dit ailleurs que cette théorie, pas plus que celle de l'urémie, ne pouvait pas expliquer la nature même de la maladie. Toutes deux reposent sur une lésion du sang, et l'on ne voit pas pourquoi avec une lésion isolée on voudrait expliquer tout un mécanisme pathologique. Toutefois, j'ai hasardé cette explication, ou théorie de la désalbumination, parce que ce point de vue seul me semblait rendre raison d'un grand nombre de faits, résoudre plusieurs difficultés, et rapprocher les hydropisies de Bright des hydropisies sans albuminurie.

Obs. XXVI. — *Eclampsie puerpérale avec albuminurie.* — Le 2 janvier 1854, je suis appelé, à sept heures et demie du matin, chez la femme Gardette. Elle est en mal d'enfant. Trente ans ; primipare.

Pas d'œdème antécédent ; mais, depuis quelque temps, elle éprouvait une forte céphalalgie, et des crampes douloureuses dans les deux bras, plus fortes sur un seul.

Les douleurs ont commencé la veille au soir. Une sage-femme est appelée à cinq heures du matin. Bientôt survient une attaque d'éclampsie. On pratique une forte saignée. Les attaques deviennent fréquentes ; elles se succèdent rapidement. Convulsions générales, épileptiformes avec stertor à la fin et coma dans les intervalles. La dilatation du col se fait rapidement. J'applique le forceps, et j'extrais l'enfant qui vit, et paraît être dans de bonnes conditions. Délivrance facile ; pas de perte notable. Les attaques continuent après l'accouchement (potion avec acétate d'ammoniaque, 15 grammes. Deuxième saignée). Elles persistent plusieurs fois par heure avec une violence excessive jusqu'à huit heures du soir. Je crois la femme perdue. Dans la journée, je fais extraire de l'urine au moyen d'une sonde. Urine citrine, trouble, comme enfumée, excessivement albumineuse. Une seule goutte d'acide nitrique tombant sur la surface y détermine une large plaque albumineuse superficielle.

Toute la journée, pupille médiocrement dilatée, insensible à la lumière.

A partir de huit heures du soir, les convulsions cessent.

3 au matin. — La malade a parlé à trois heures, et s'est levée pour uriner. Etat de somnolence.

4. — Connaissance complète. Visage naturel. La malade cause et rit. Un peu de trouble dans la vue. Pas d'enflure.

5. Va encore mieux. J'examine les urines du soir. Elles sont plus claires; le trouble primitif a disparu; elles sont beaucoup moins écumeuses par la succussion, comme elles l'ont été le 2. Examinées à la chaleur, il n'y a pas d'albumine.

Les jours suivants, rétablissement graduel. L'enfant est mort au bout de huit jours sans convulsions.

CONCLUSIONS.

Il n'est plus possible aujourd'hui de nier les rapports intimes de l'éclampsie avec l'albuminurie, ou le mal de Bright. Quelle est la nature de ces rapports? C'est la relation d'une affection symptomatique avec une maladie générale, de la pneumonie typhoïde avec la fièvre typhoïde dans le cours de laquelle elle se déclare. D'après l'ensemble des faits, dans l'état actuel de la science, la véritable éclampsie n'est autre chose que le mal de Bright puerpéral dans lequel il survient des convulsions : c'est la maladie de Bright se développant pendant la grossesse, et y apparaissant avec prédominance d'une forme particulière d'accidents cérébraux qui constituent l'éclampsie. Je crois l'avoir prouvé suffisamment, et par la symptomatologie et par la marche, la terminaison et le pronostic, par les lésions anatomiques et par les objections mêmes.

Ce n'est point rompre avec la tradition que de vouloir constituer la grande unité pathologique du mal de Bright, en y faisant rentrer par exemple, entre autres maladies, certaines affections cérébrales, les hydropisies puerpérales, les hydropisies scarlatineuses et l'éclampsie. Ce sont des variétés ou formes d'une même espèce morbide, il est vrai; mais ces variétés n'en sont pas moins déterminées par des caractères particuliers d'étiologie et d'évolution qui les distinguent assez, pour éviter toute confusion nosologique, en les subordonnant à une unité pathologique supérieure. Ces affections diverses, la tradition les avait classées pour ainsi dire au hasard dans le cadre général des maladies. La découverte de Bright est venue, qui a permis de les coordonner, en les rattachant par un lien commun et incontestable, et n'est-ce point là un véritable progrès tant pour la nosologie que pour la thérapeutique ?

www.ingramcontent.com/pod-product-compliance
Lightning Source LLC
Chambersburg PA
CBHW070308100426
42743CB00011B/2393